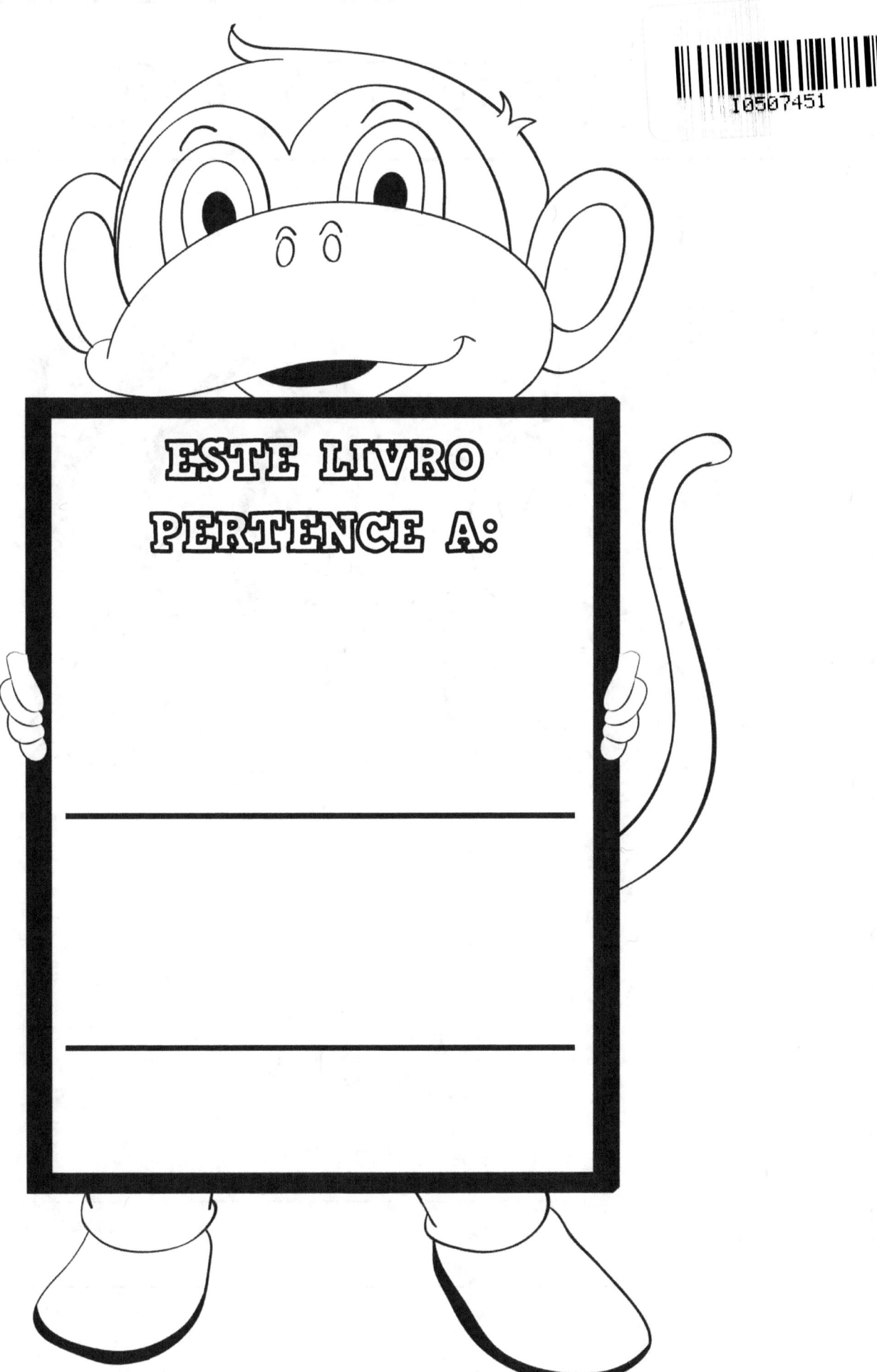

Formiga

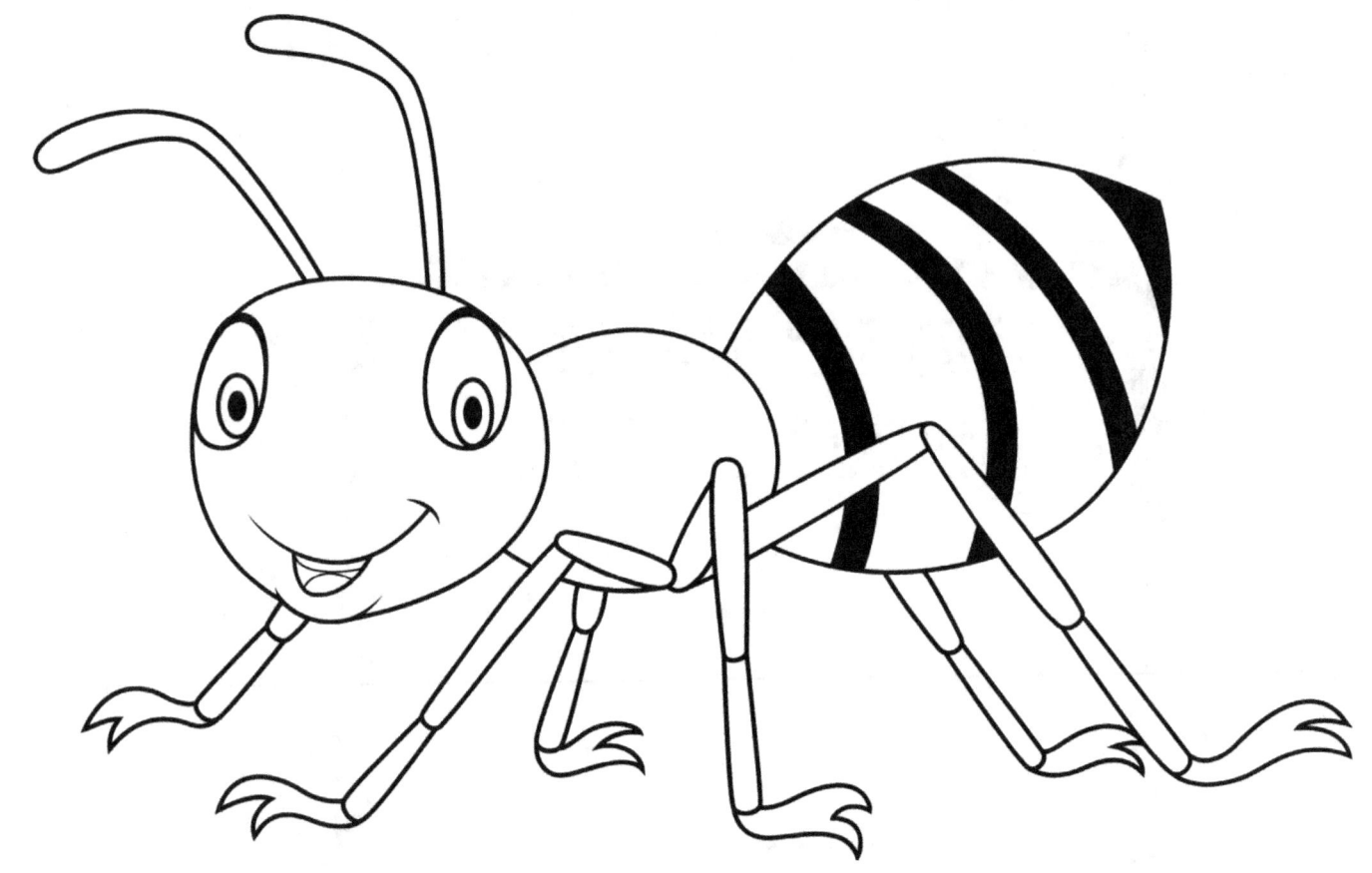

Ant

Ant
_____

_____

_____

Maçã

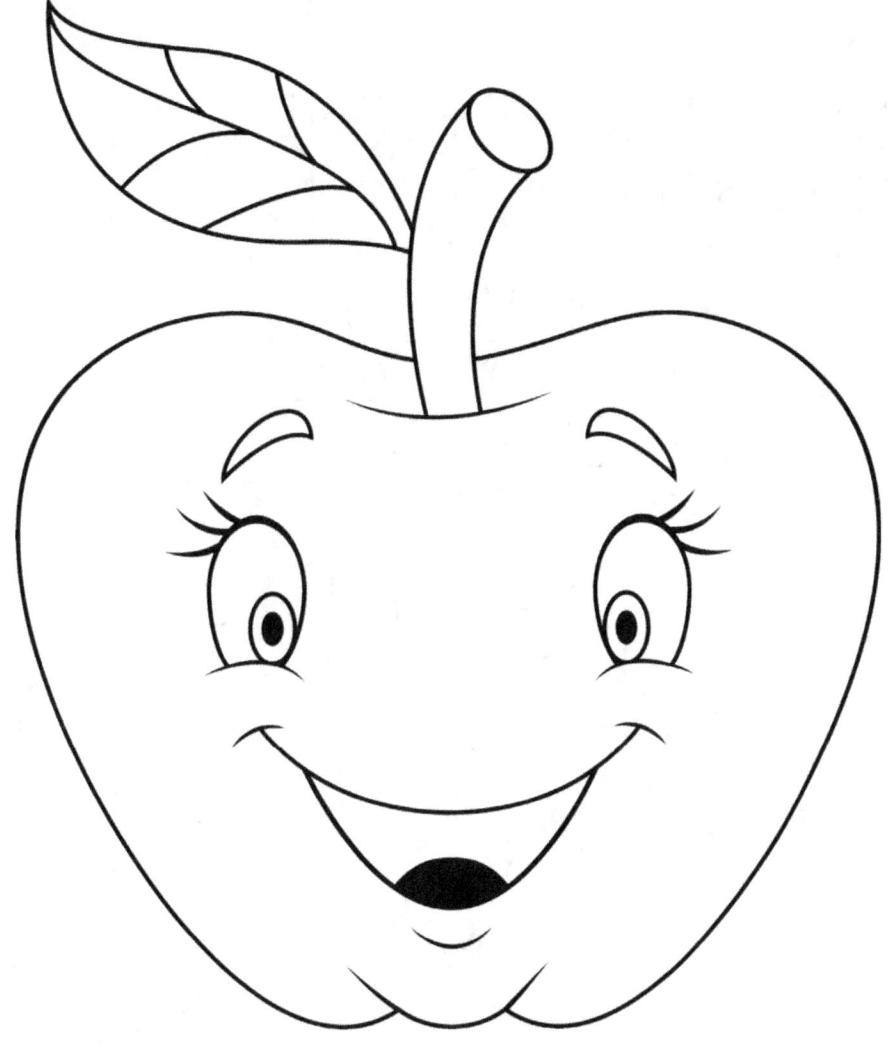

Apple

Apple

Astronauta

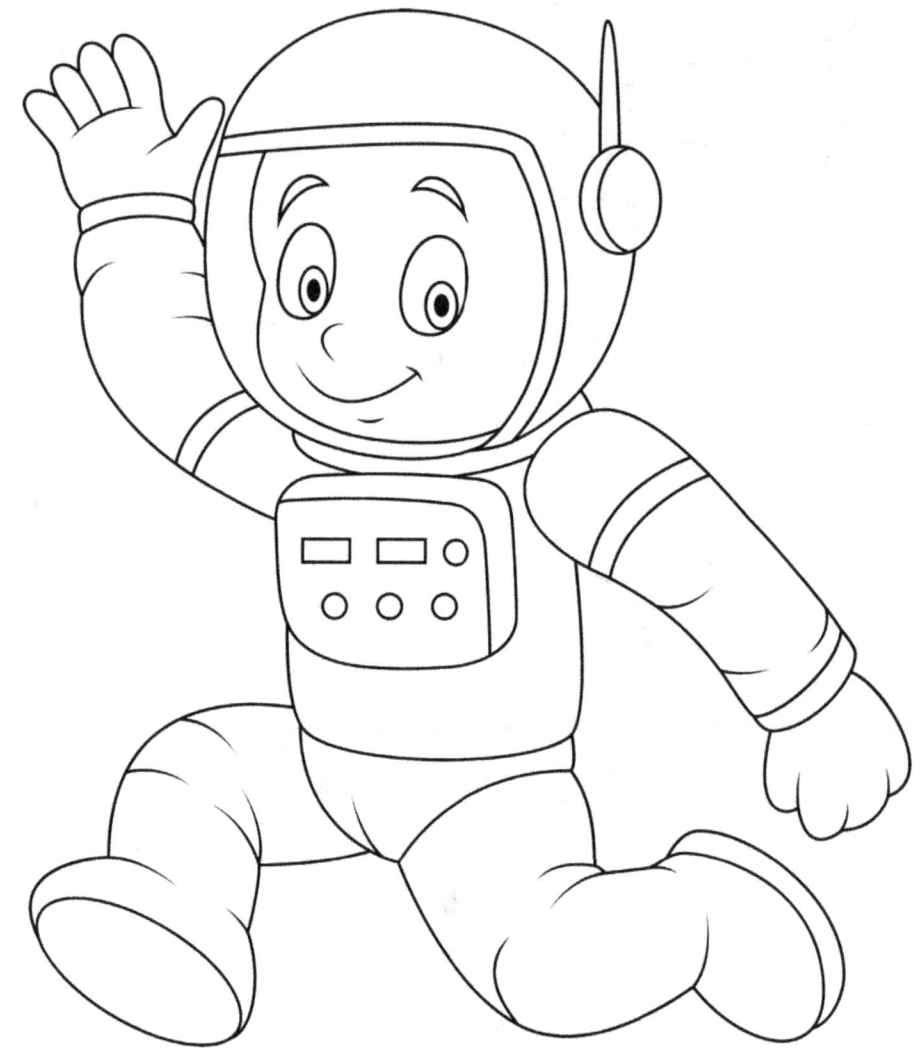

Astronaut

Astronaut
_____

_____

Banana

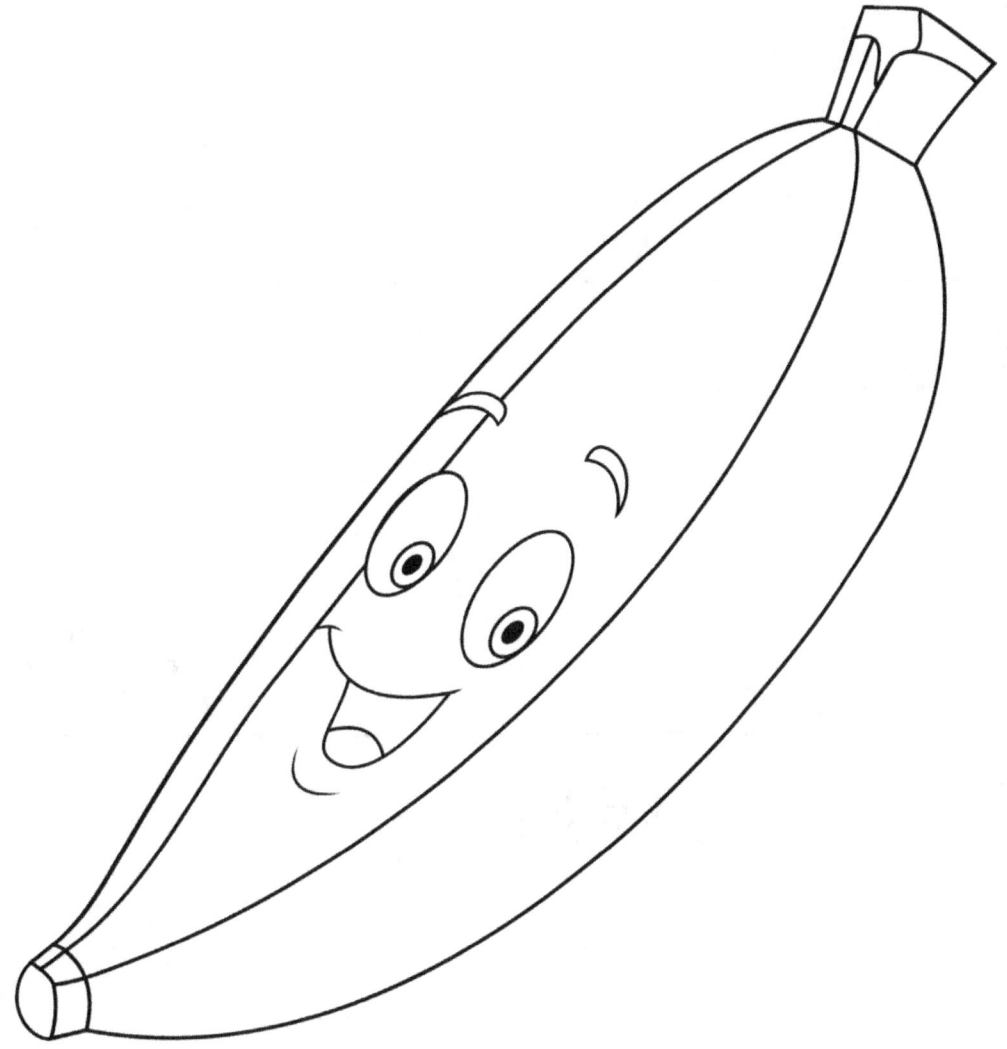

Banana

Banana

Formiga

_n_

Maçã

A_p_e

Astronauta

Astron__t

Banana

__nana

Urso

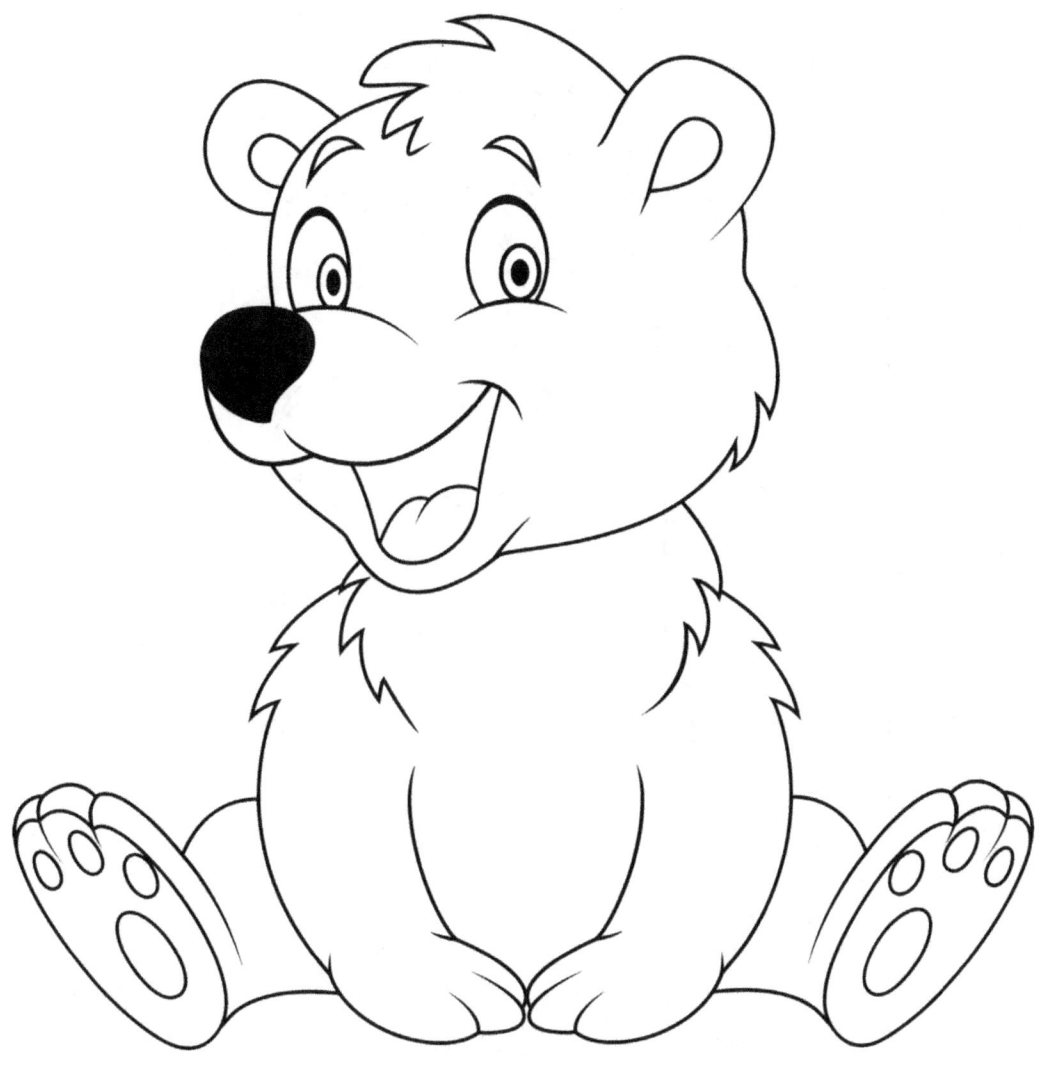

Bear

Bear

Livro

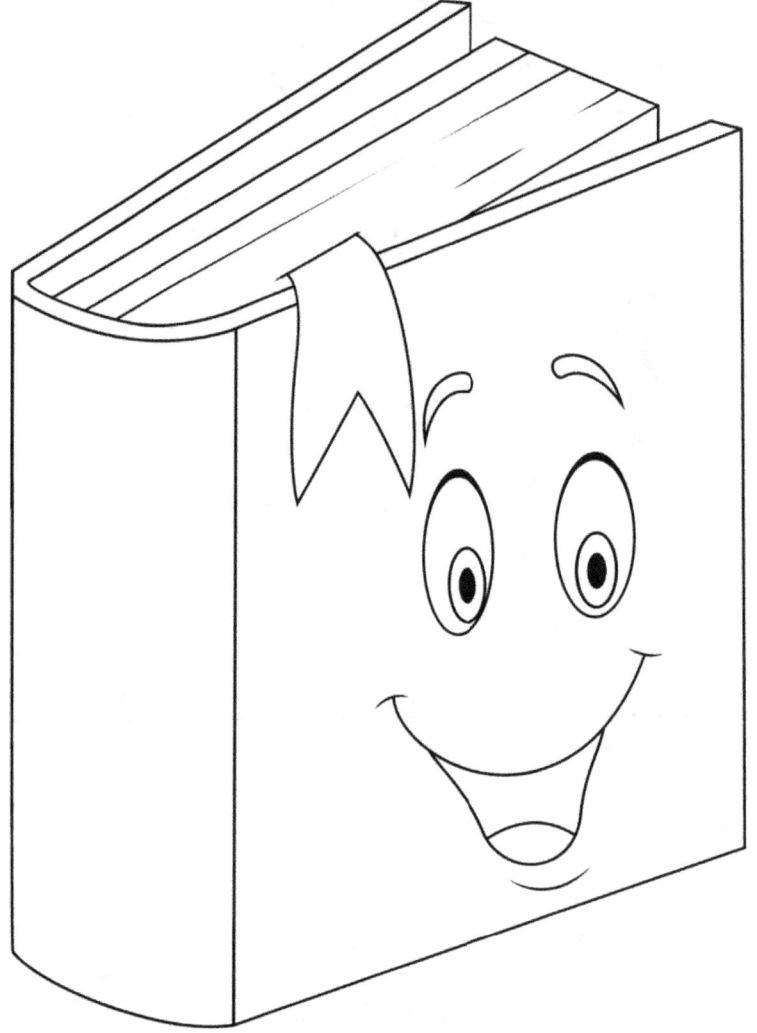

Book

Book
_____

_____

_____

Carro

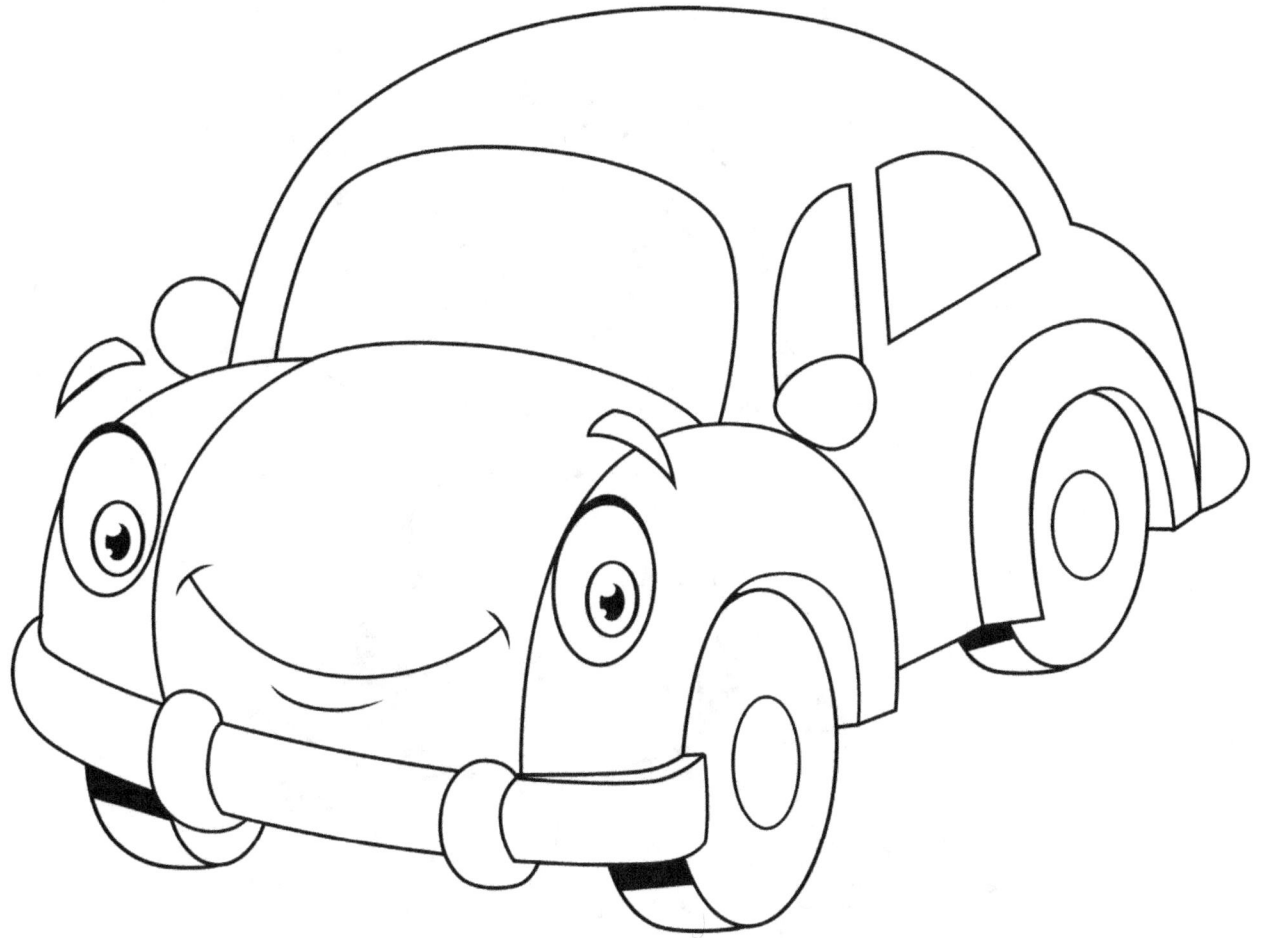

Car

Car
_____
_____
_____

Gata

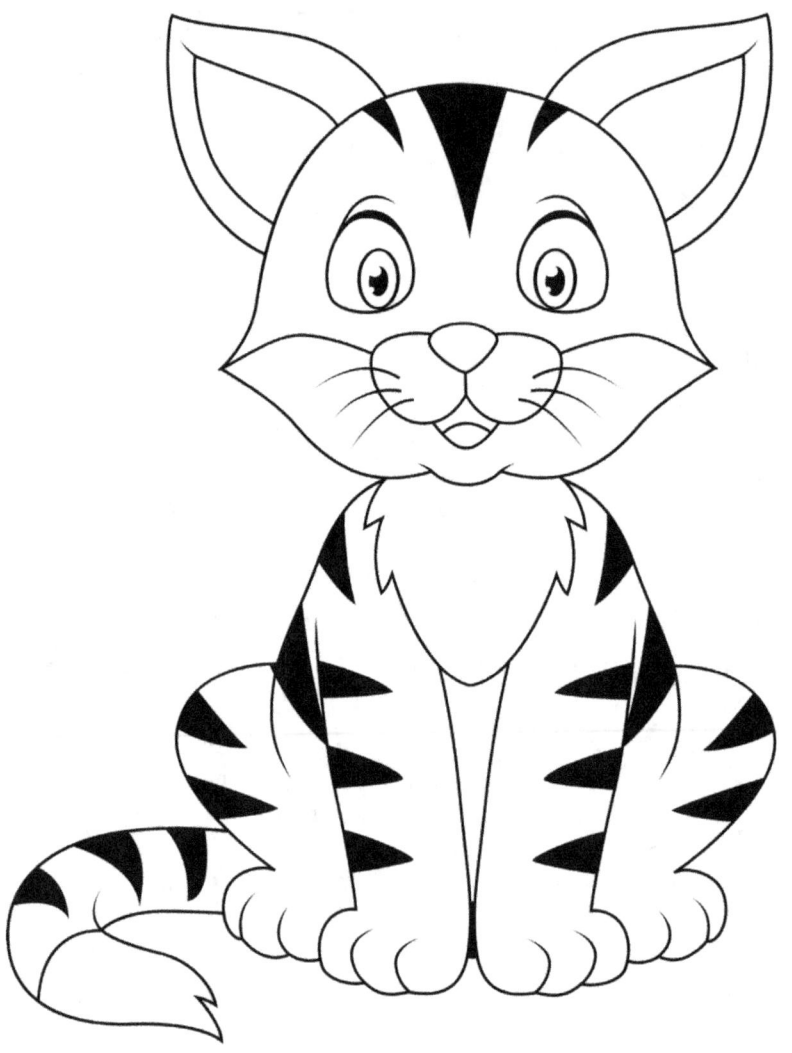

Cat

Cat

Urso

Be__

Livro

_ook

Carro

__r

Gata

C__

Milho

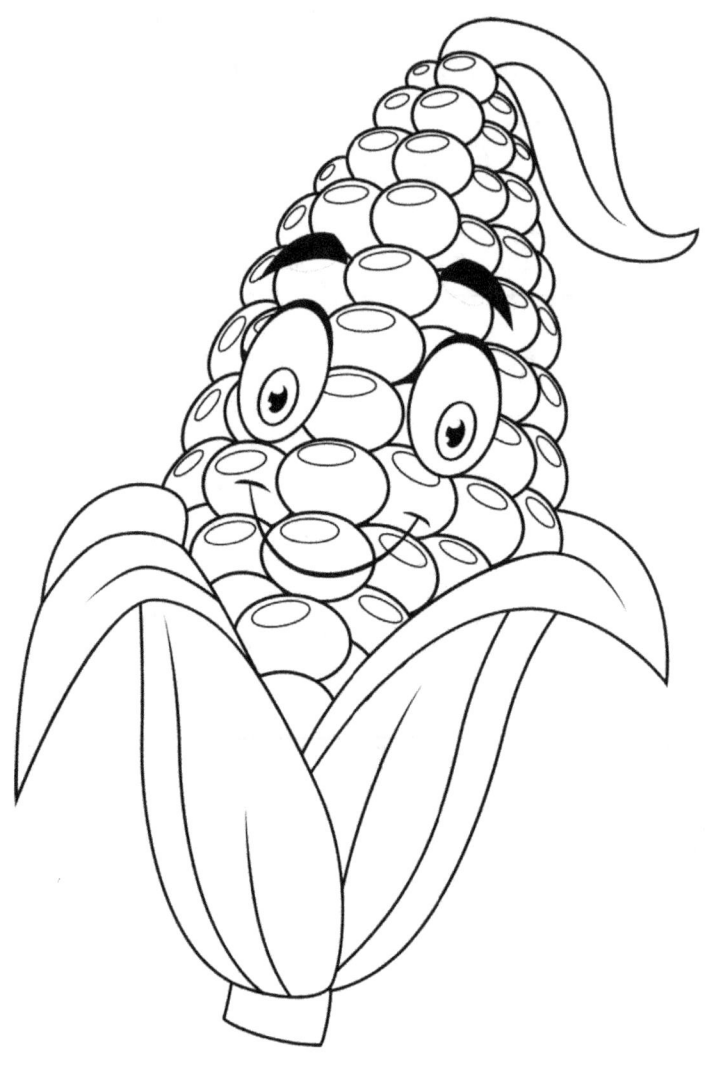

Corn

Corn

Cachorro

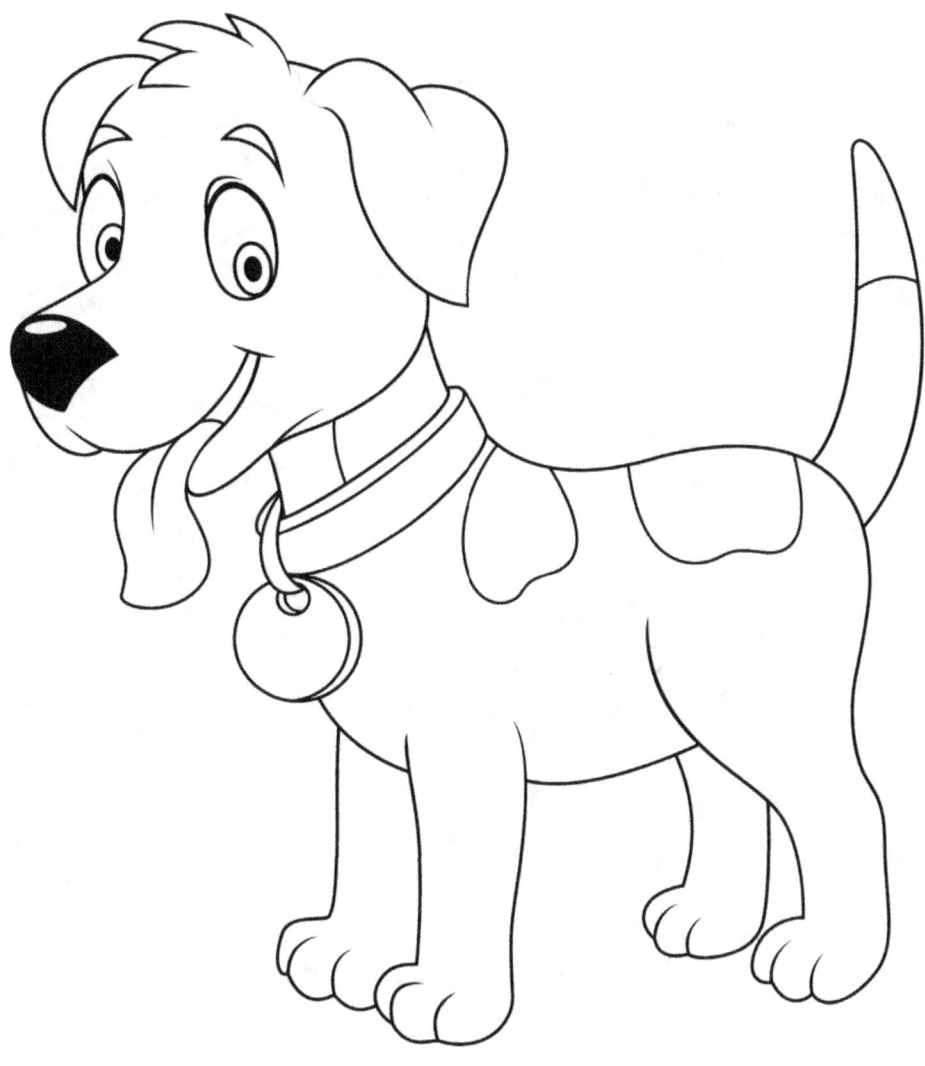

Dog

Dog
_____

_____

_____

Rosquinha

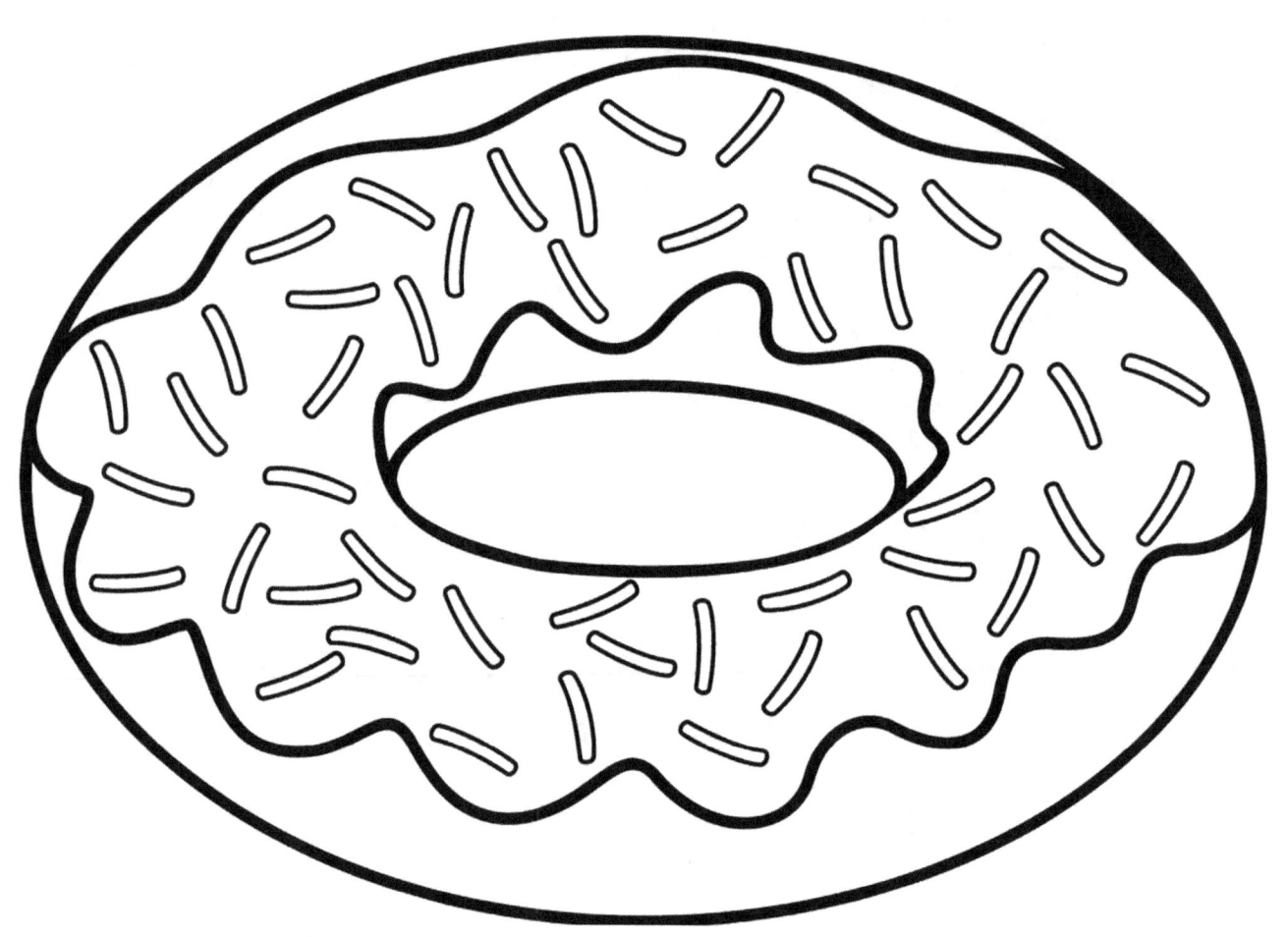

Donut

Donut

Tambor

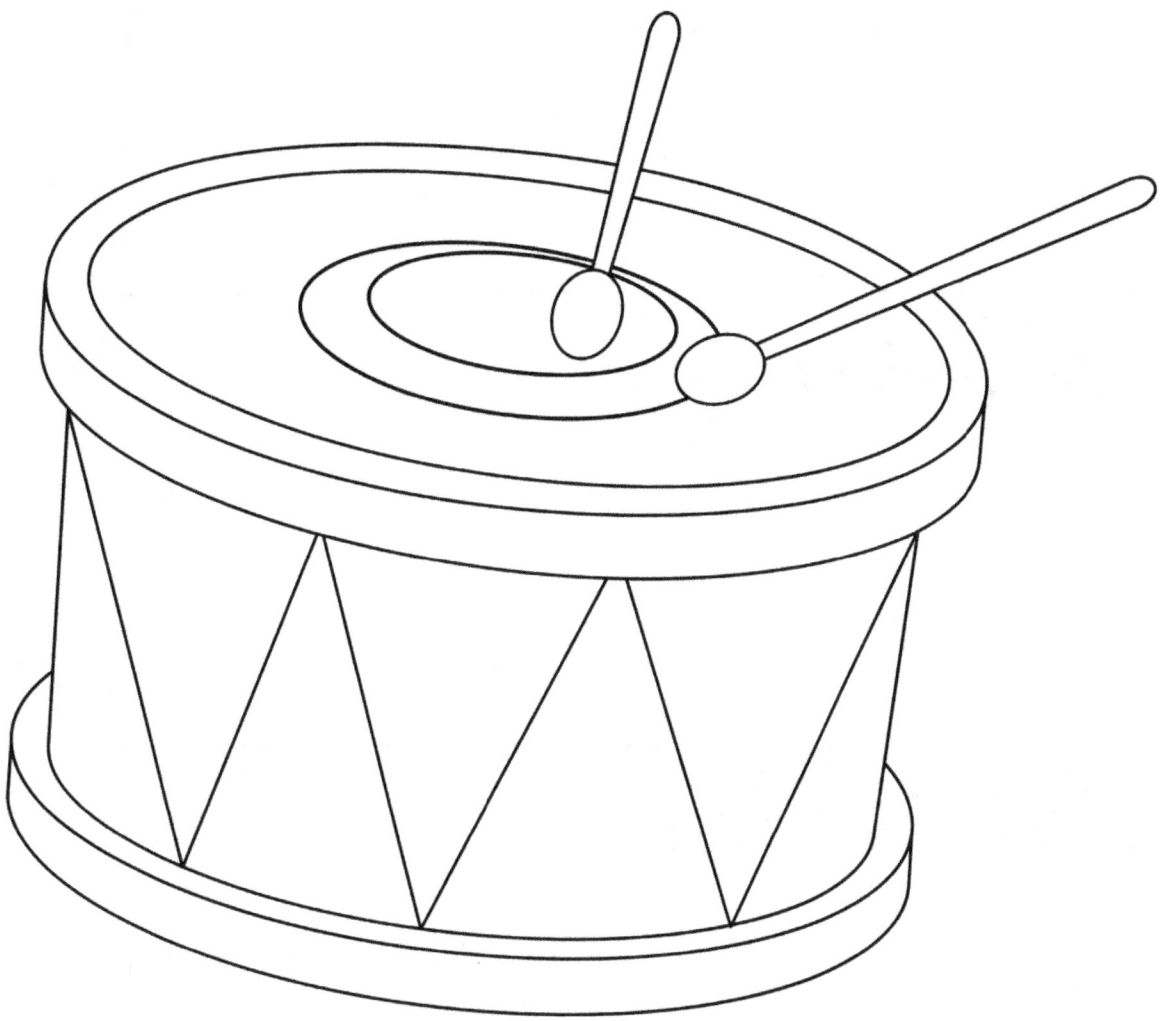

Drum

Drum
_____

_____

_____

Milho

_or_

Cachorro

_og

Rosquinha

_o_ut

Tambor

D__m

Caracol

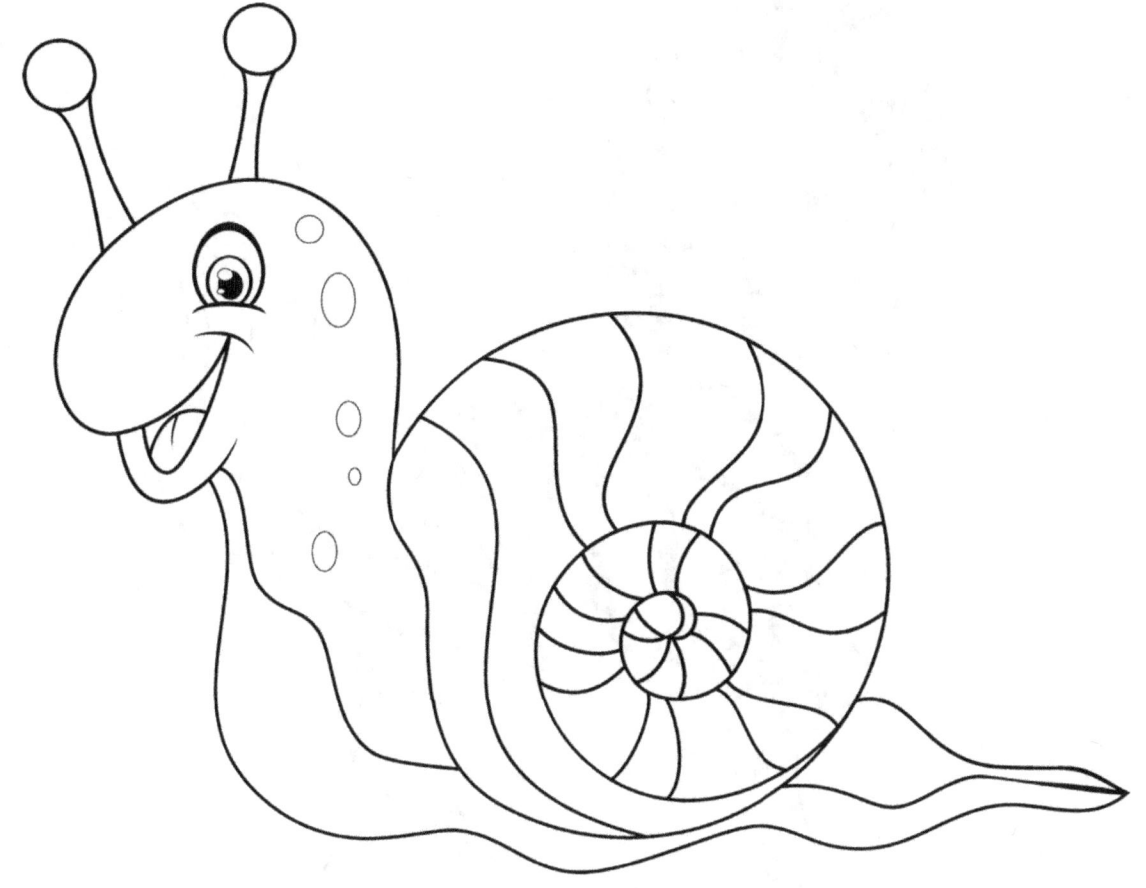

Snail

Snail
___
___
___

Zebra

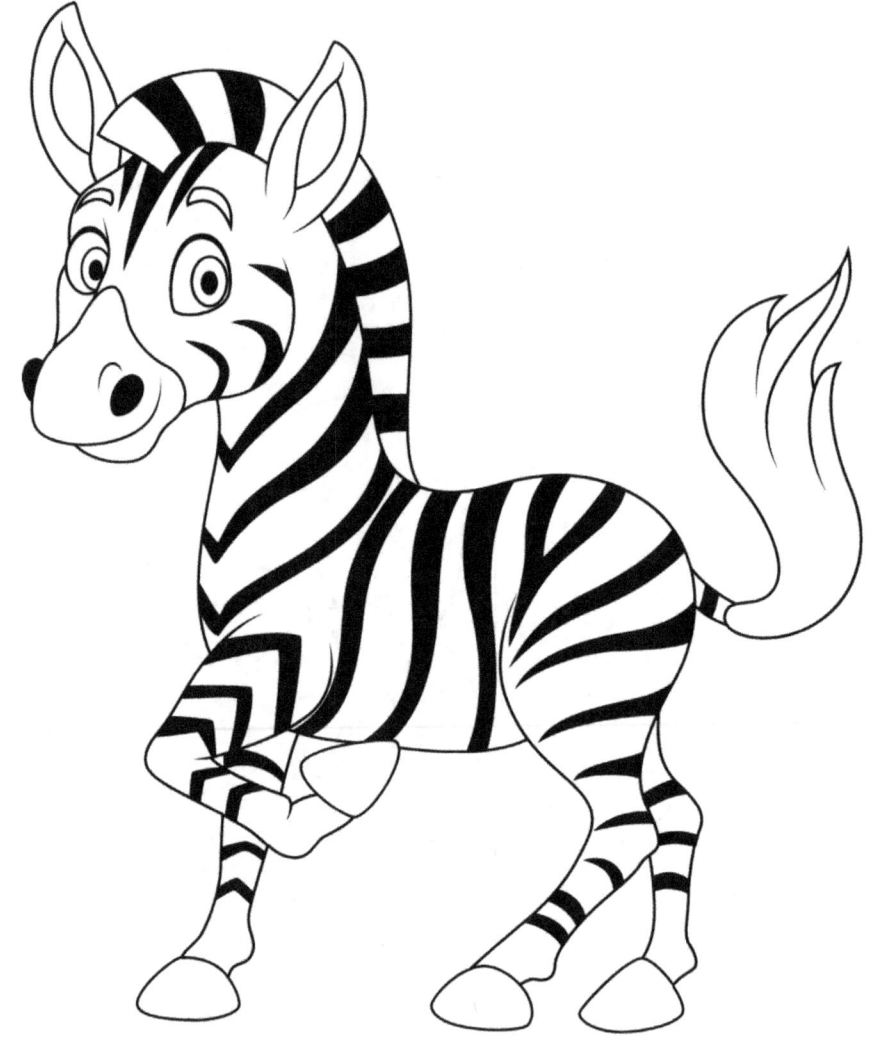

Zebra

Zebra

Elefante

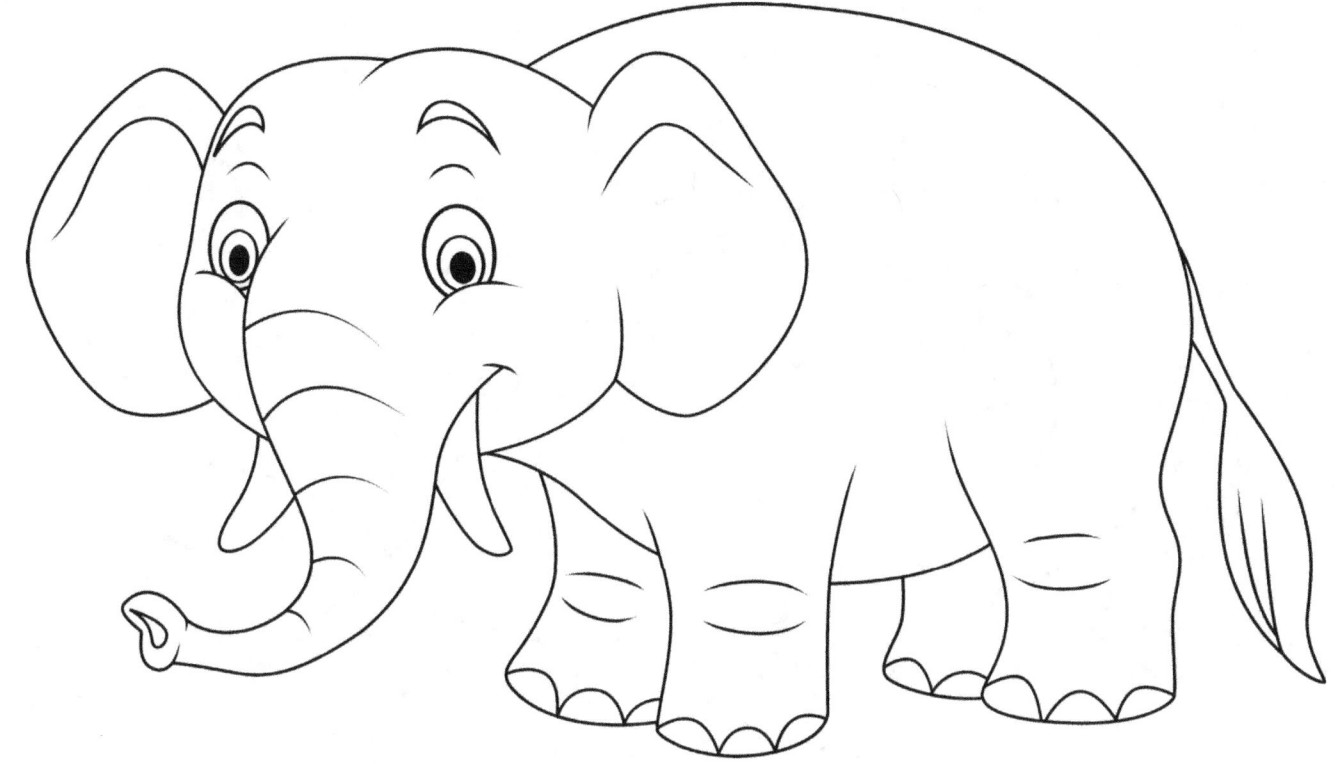

Elephant

Elephant
_____
_____
_____

Peixe

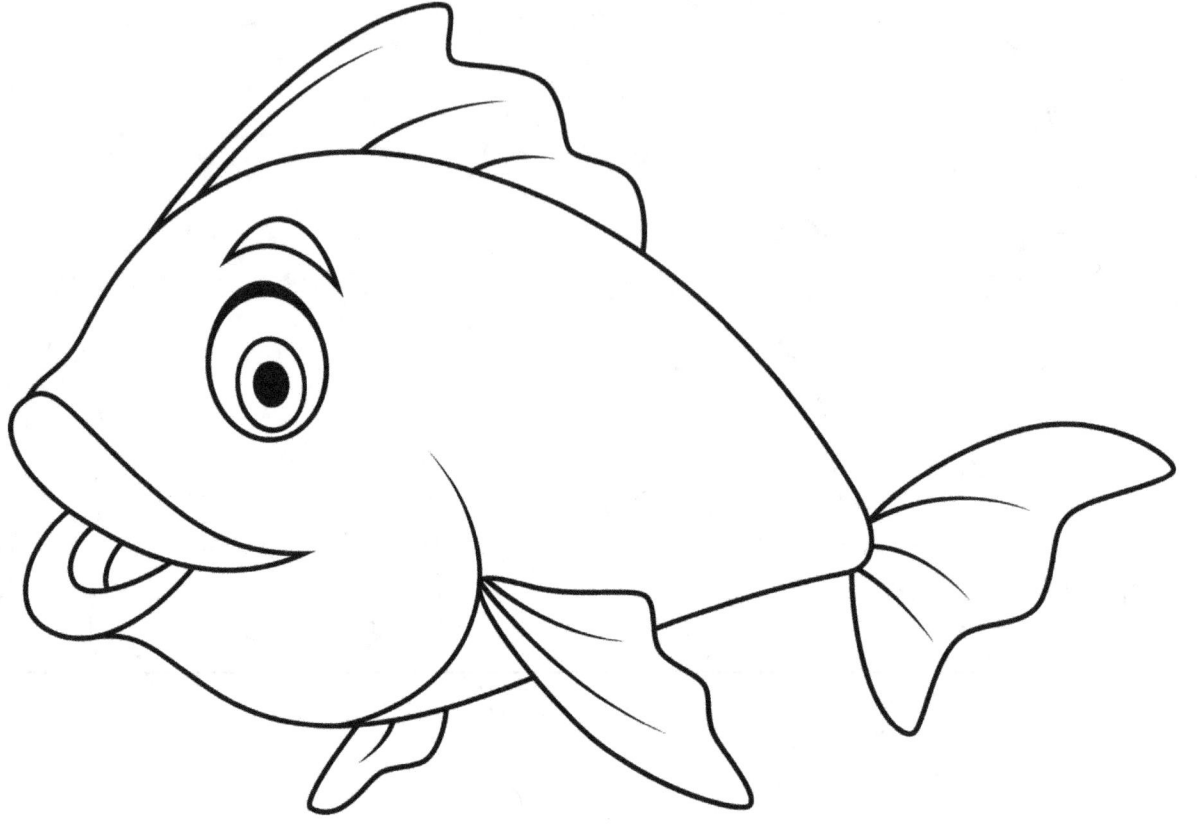

Fish

Fish
_____

_____

_____

Caracol

S_ai_

Zebra

ebr

Elefante

E_eph_nt

Peixe

_i_h

Flor

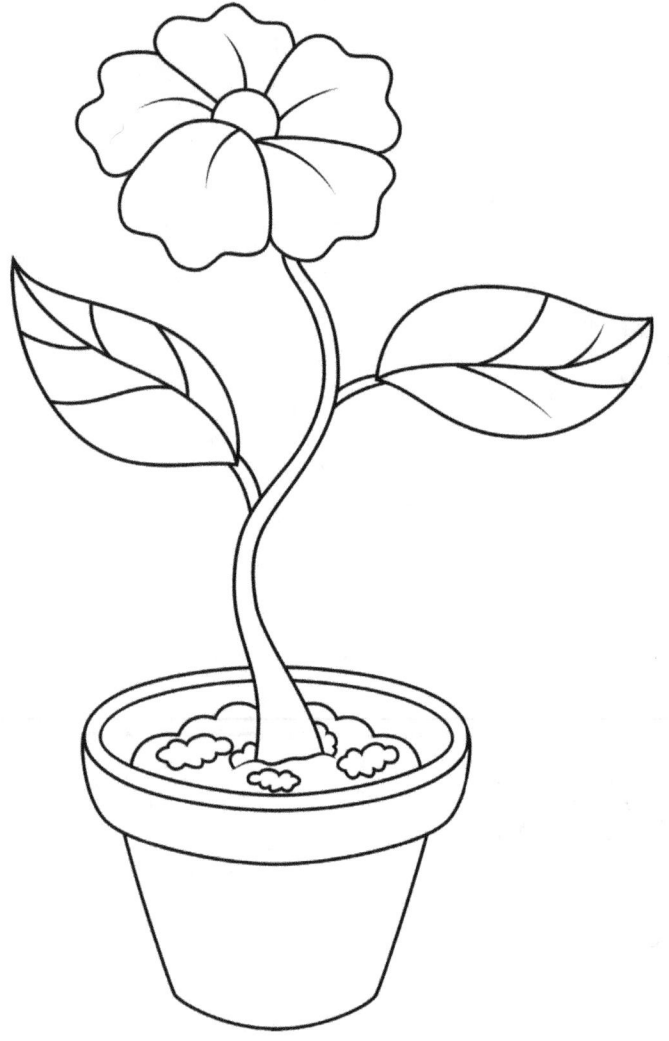

Flower

Flower

Raposa

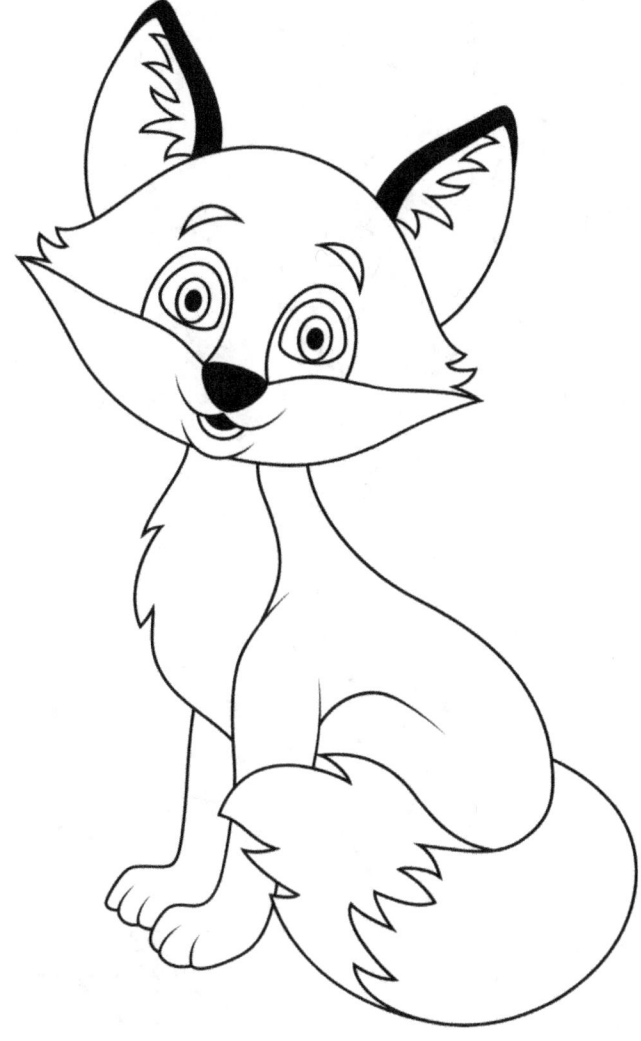

Fox

Fox
_____

_____

Girafa

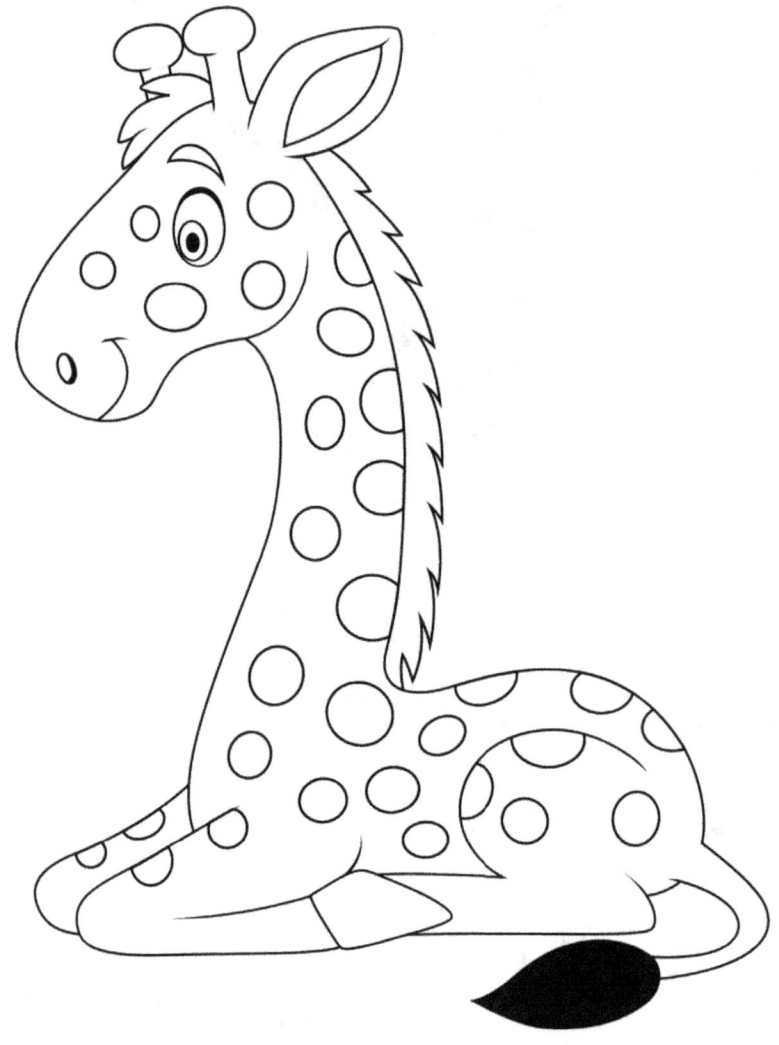

Giraffe

Giraffe

Óculos

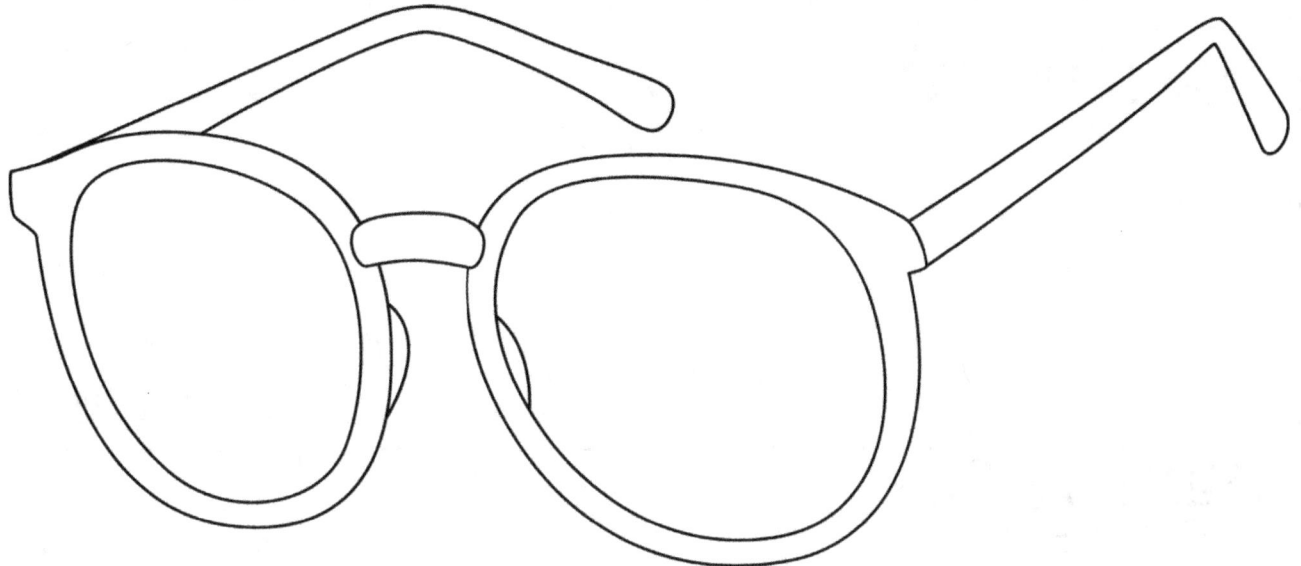

Glasses

Glasses

Flor

Flow__

Raposa

F__

Girafa

Gir__fe

Óculos

Gl_s_es

Uva

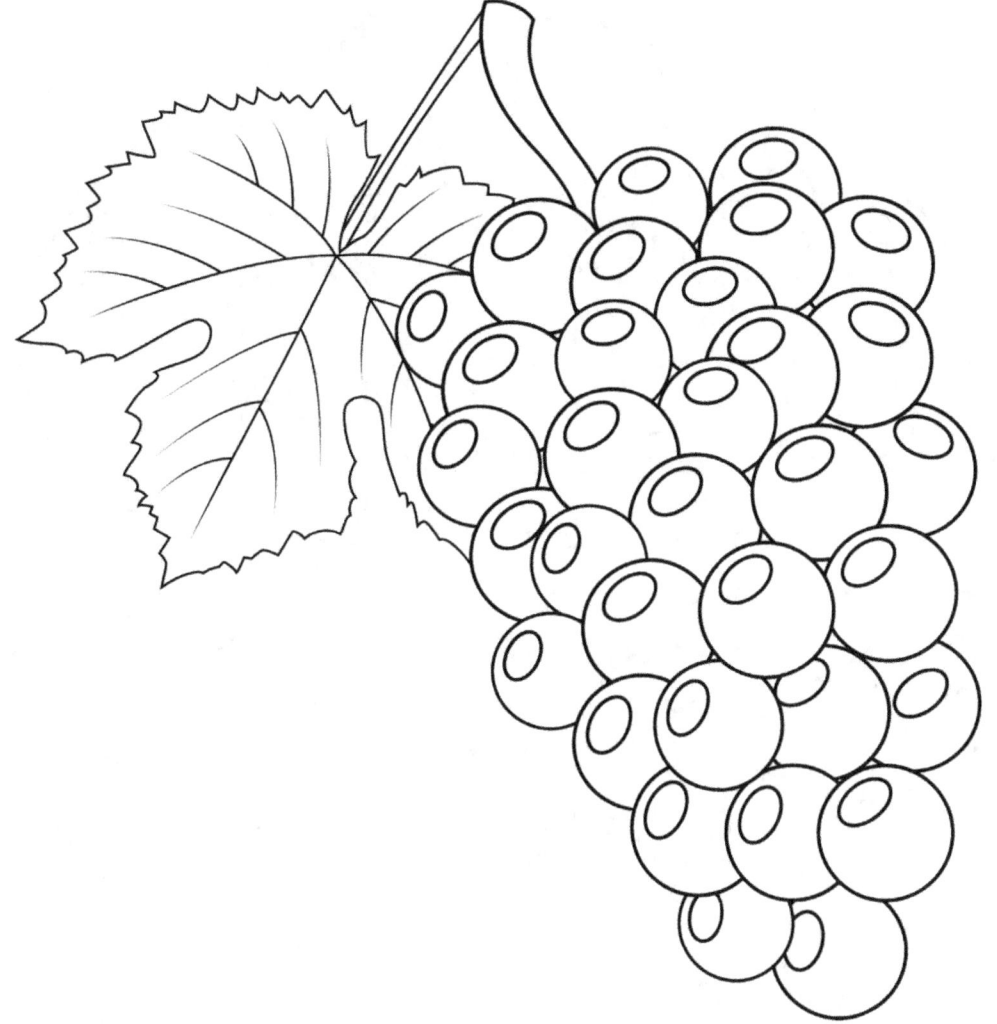

Grapes

Grapes

Hambúrguer

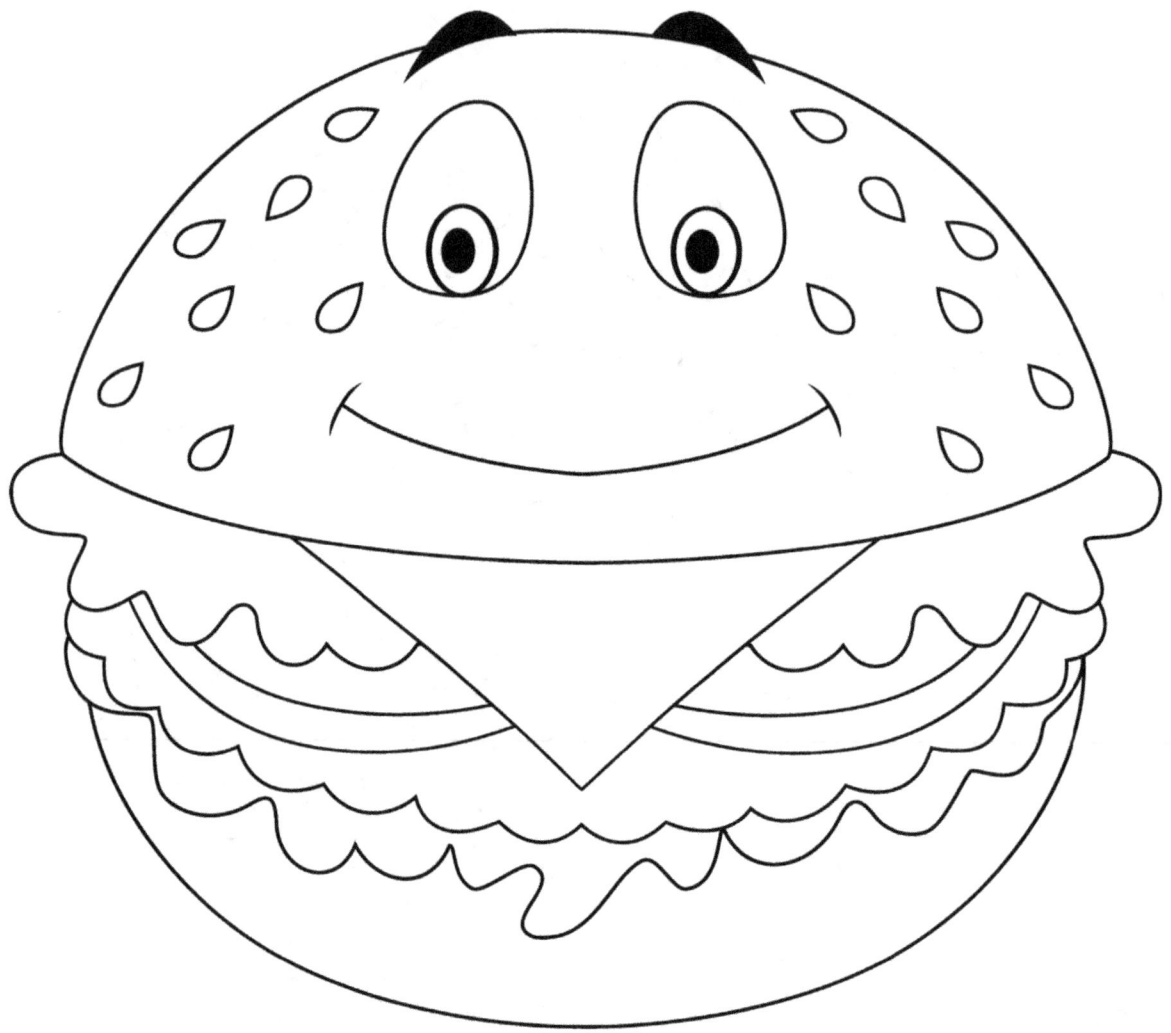

Hamburger

Hamburger

_____

_____

Hipopótamo

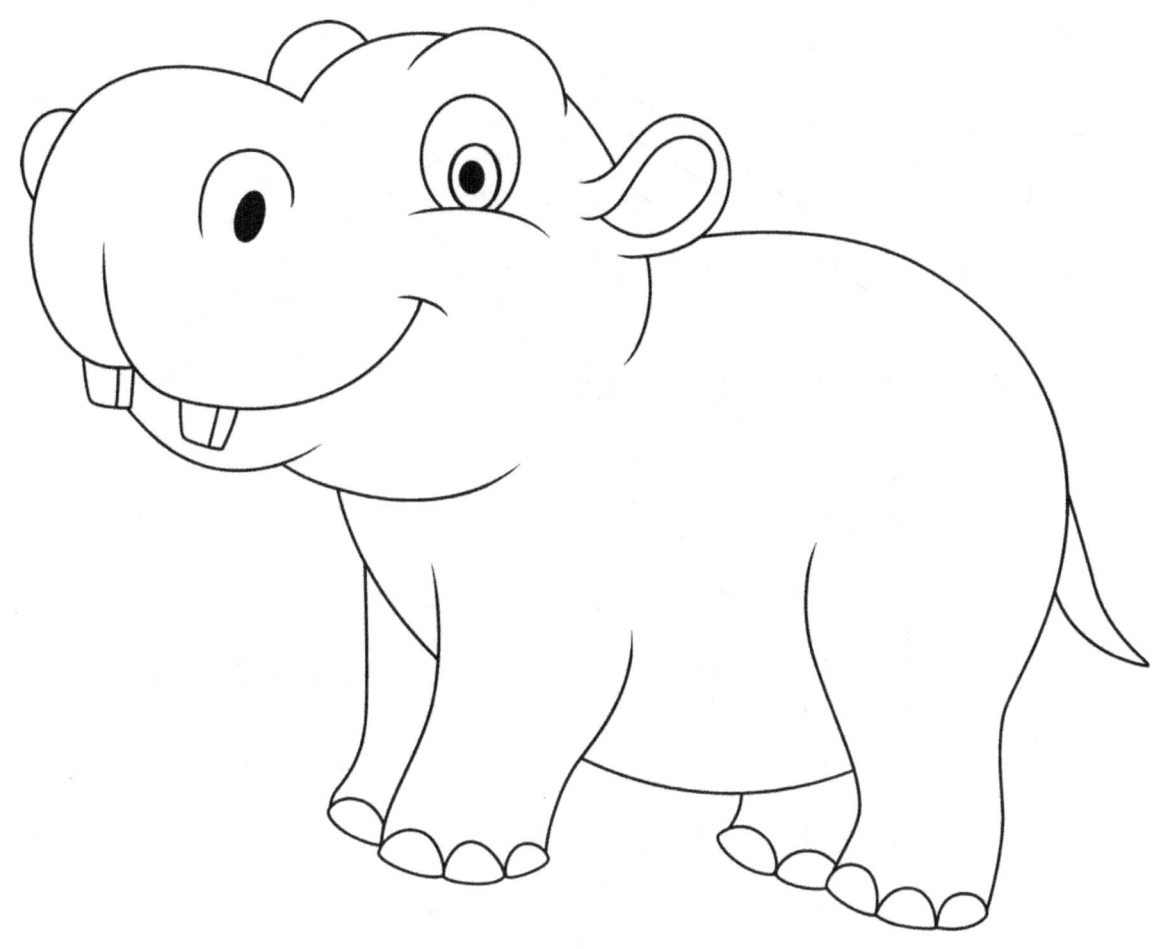

Hippo

Hippo

Casa

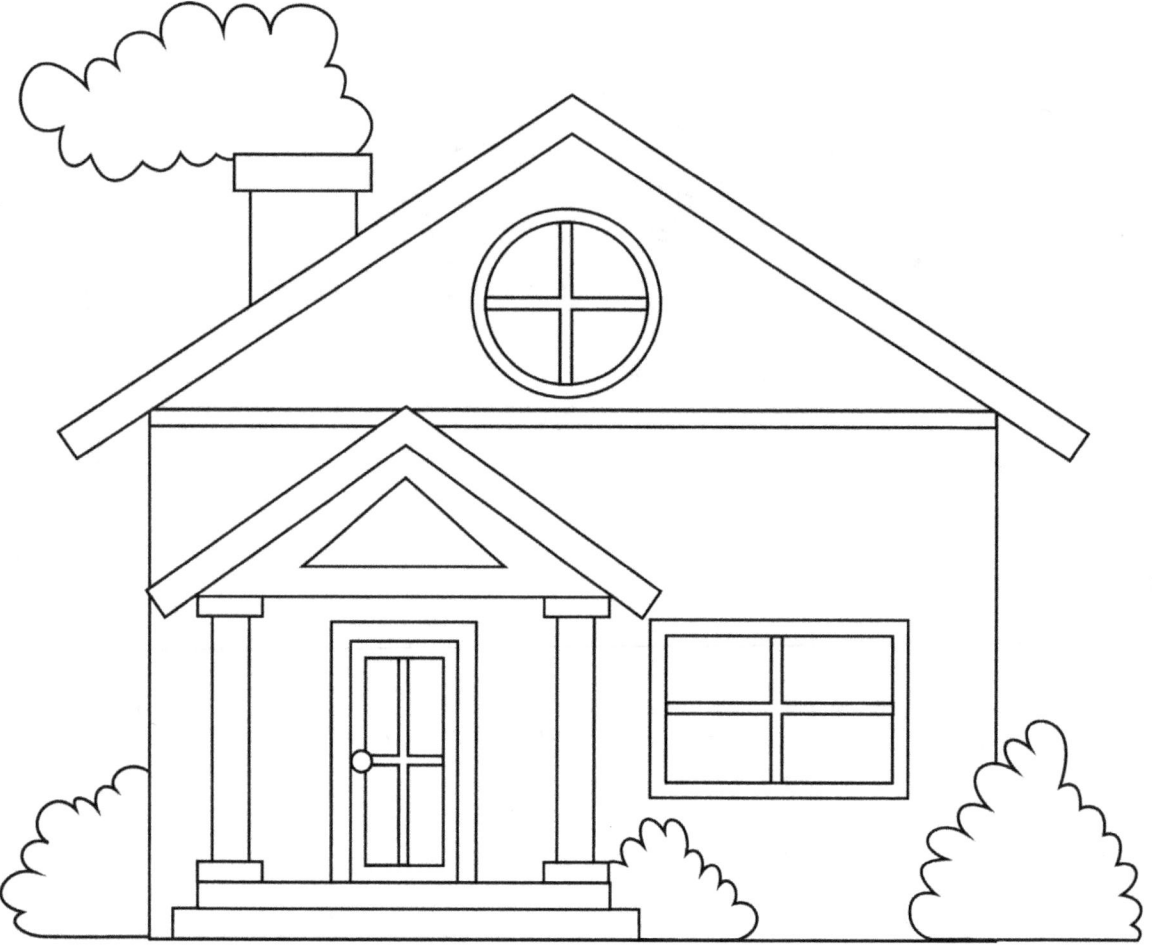

House

House
_____

_____

_____

Uva

Gra_e_

Hambúrguer

Hambu__er

Hipopótamo

H_p_o

Casa

_ou_e

Sorvete

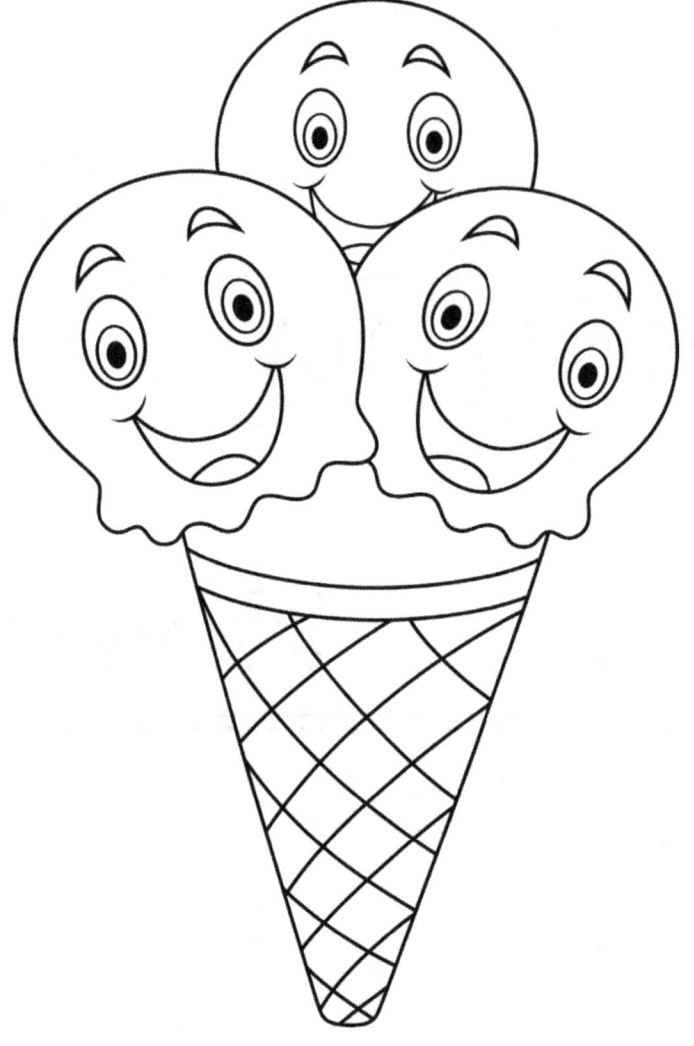

Ice cream

Ice cream

Iguana

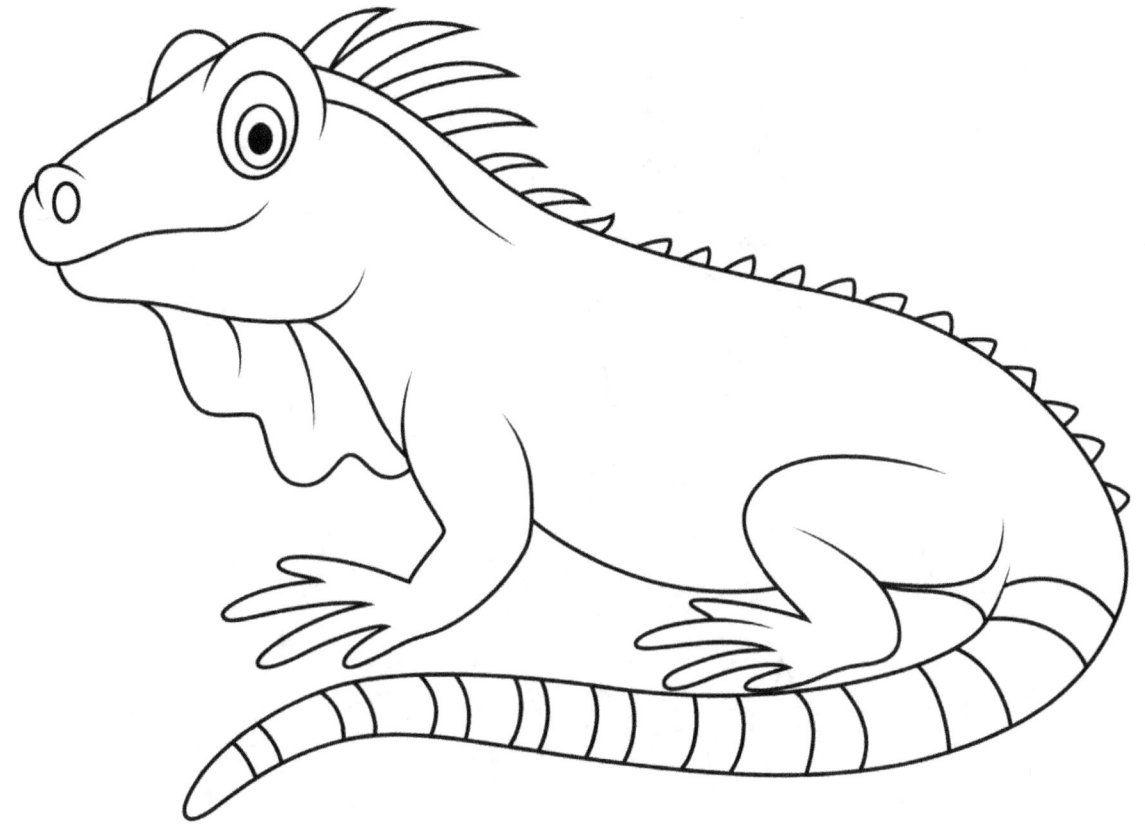

Iguana

Iguana

Pato

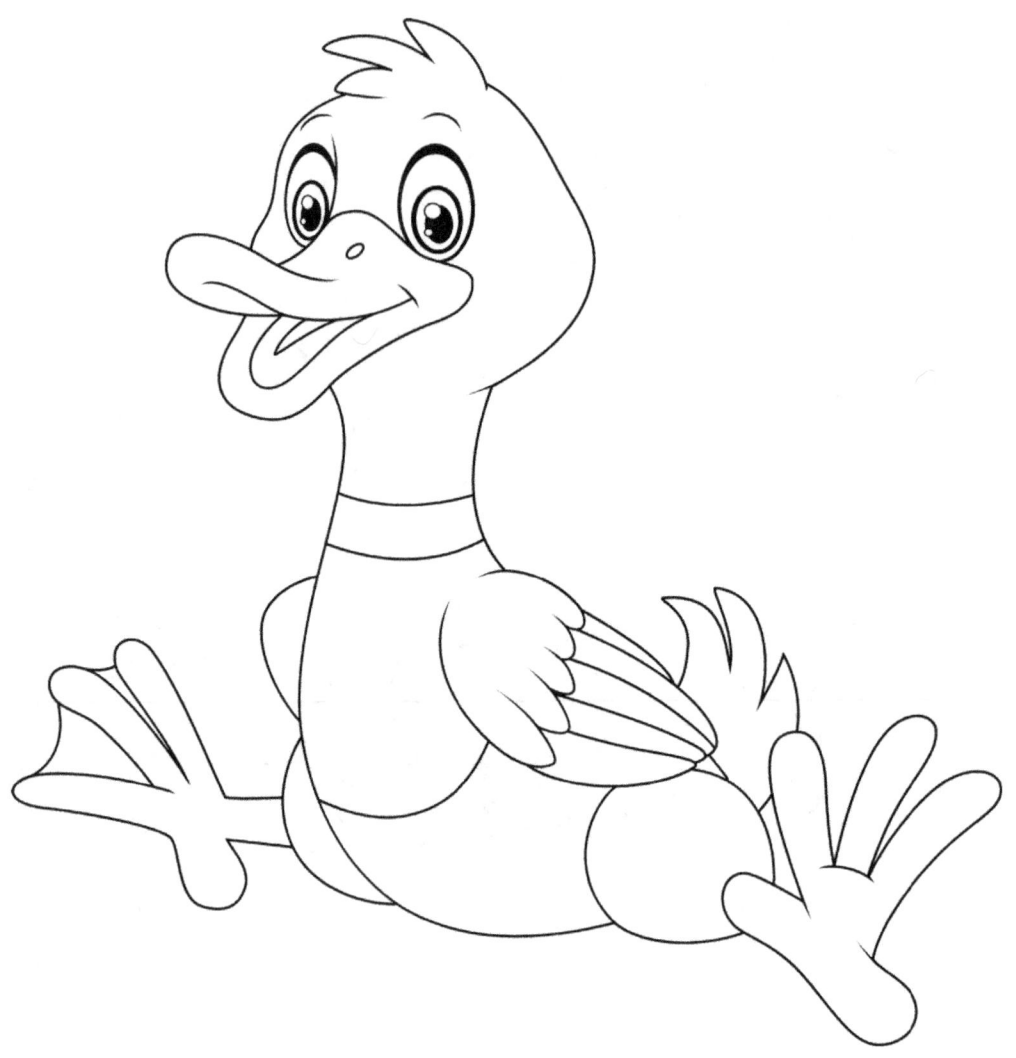

Duck

Duck
_____
_____
_____

Jaguar

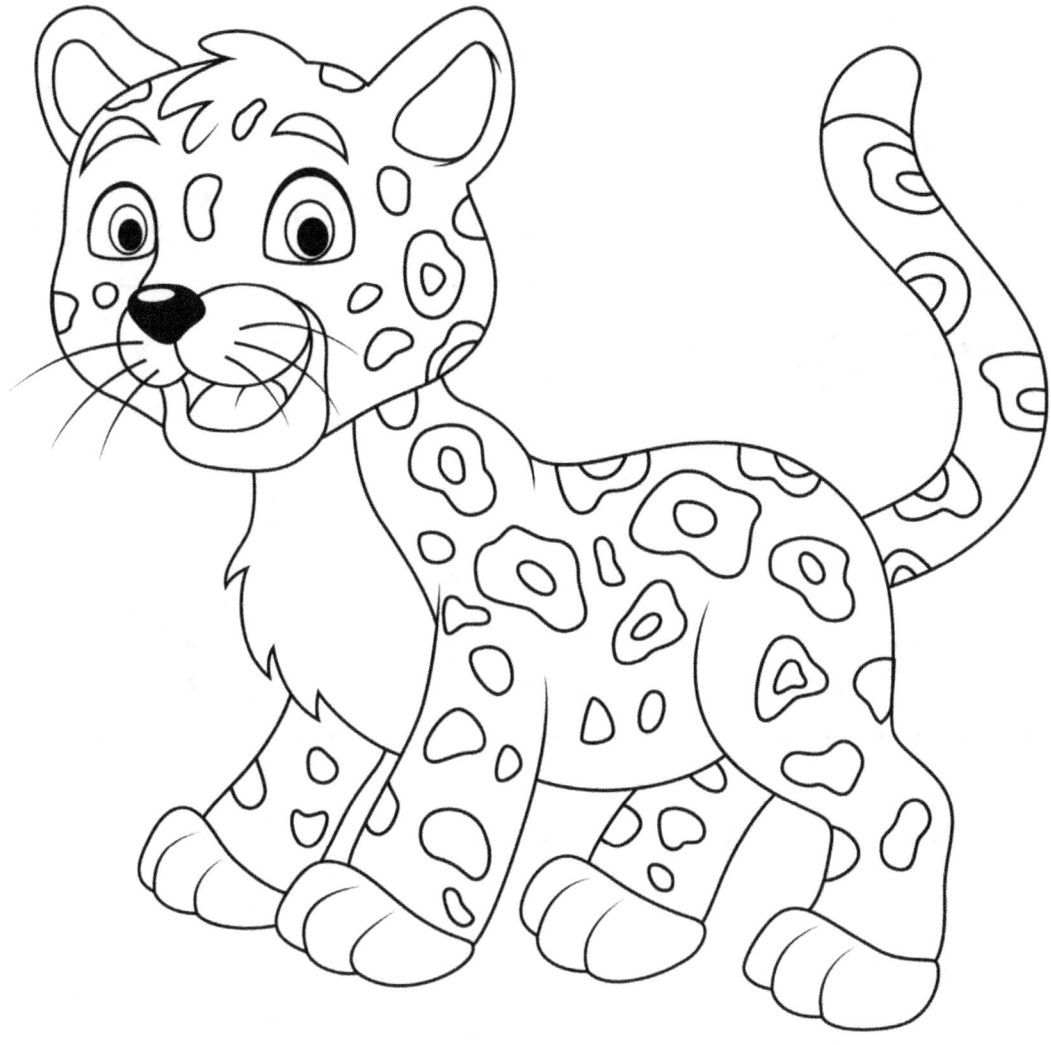

Jaguar

Jaguar

Sorvete

Ice c__am

Iguana

Ig__na

Pato

D__k

Jaguar

_agu_r

Geléia

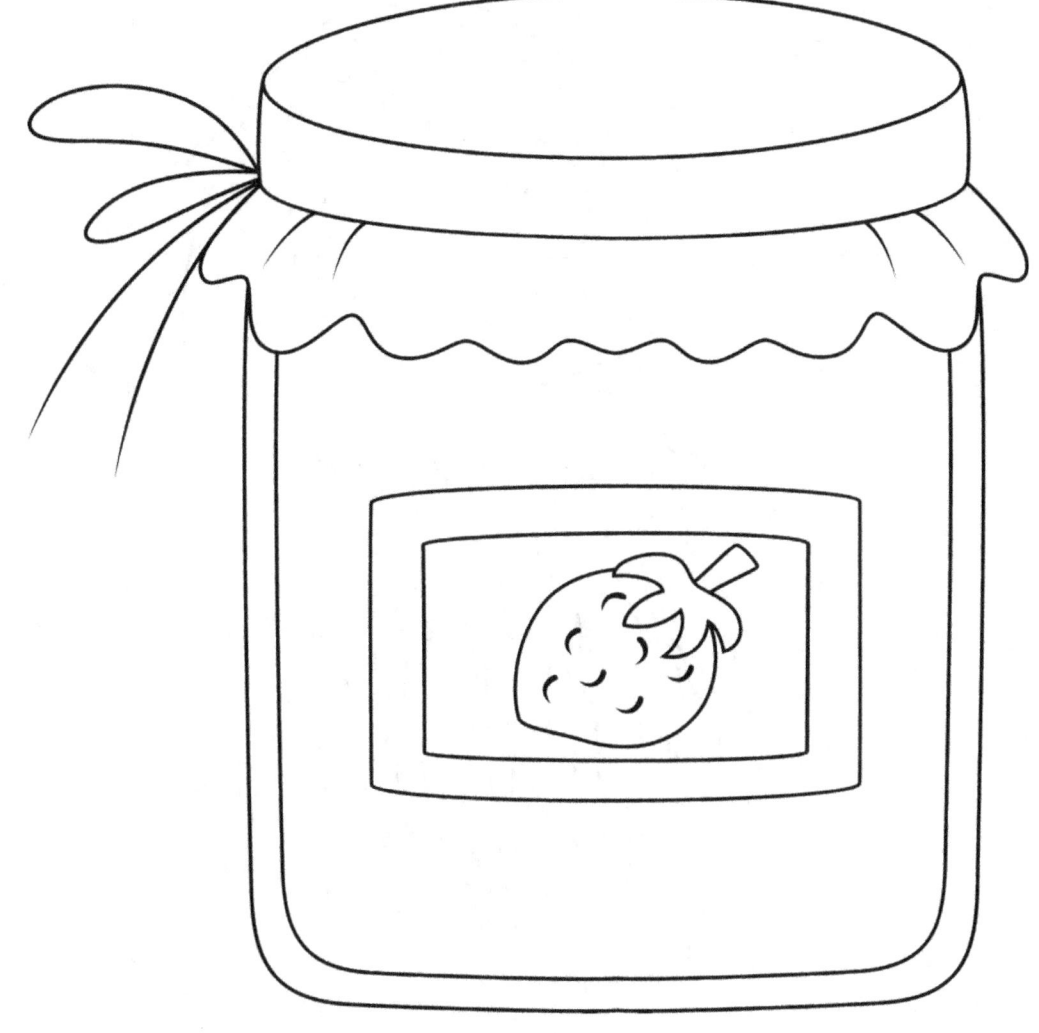

Jam

Jam

Água-viva

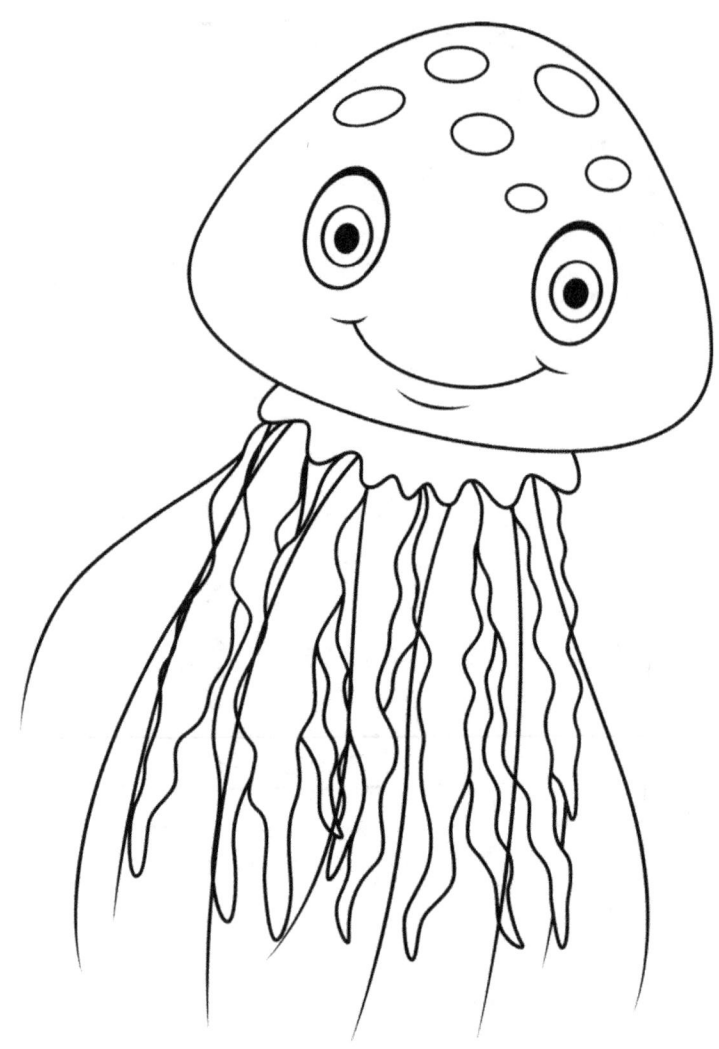

Jellyfish

Jellyfish
_____

_____

_____

Zepelim

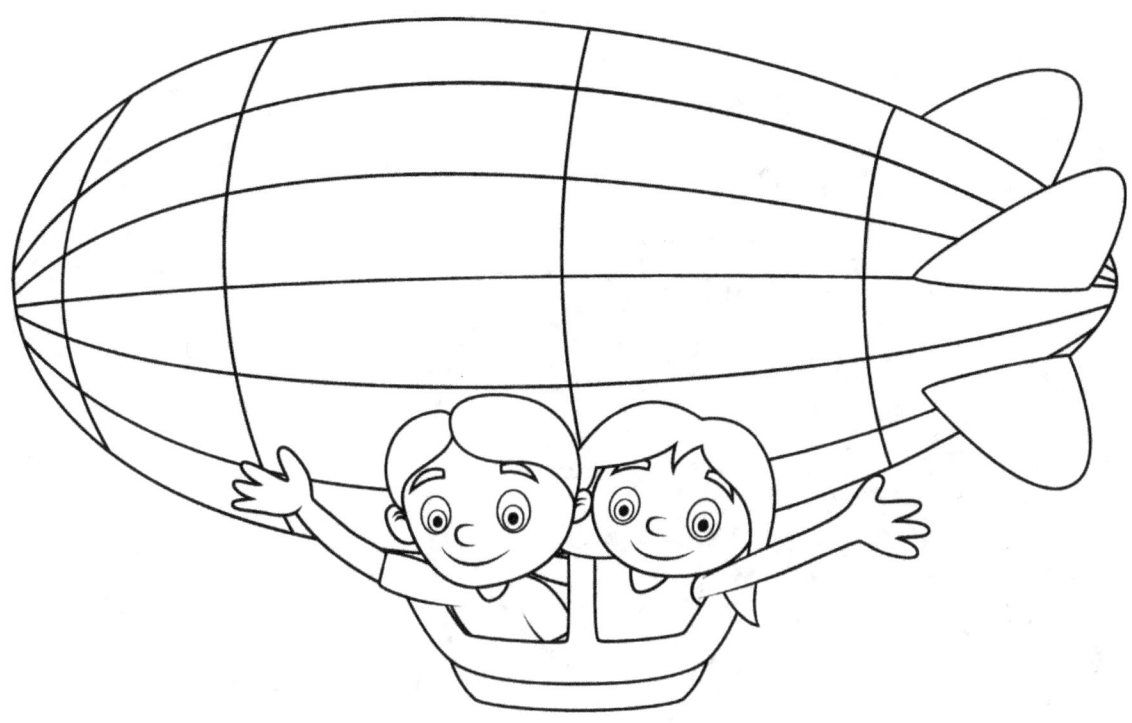

Zeppelin

Zeppelin

Kiwi

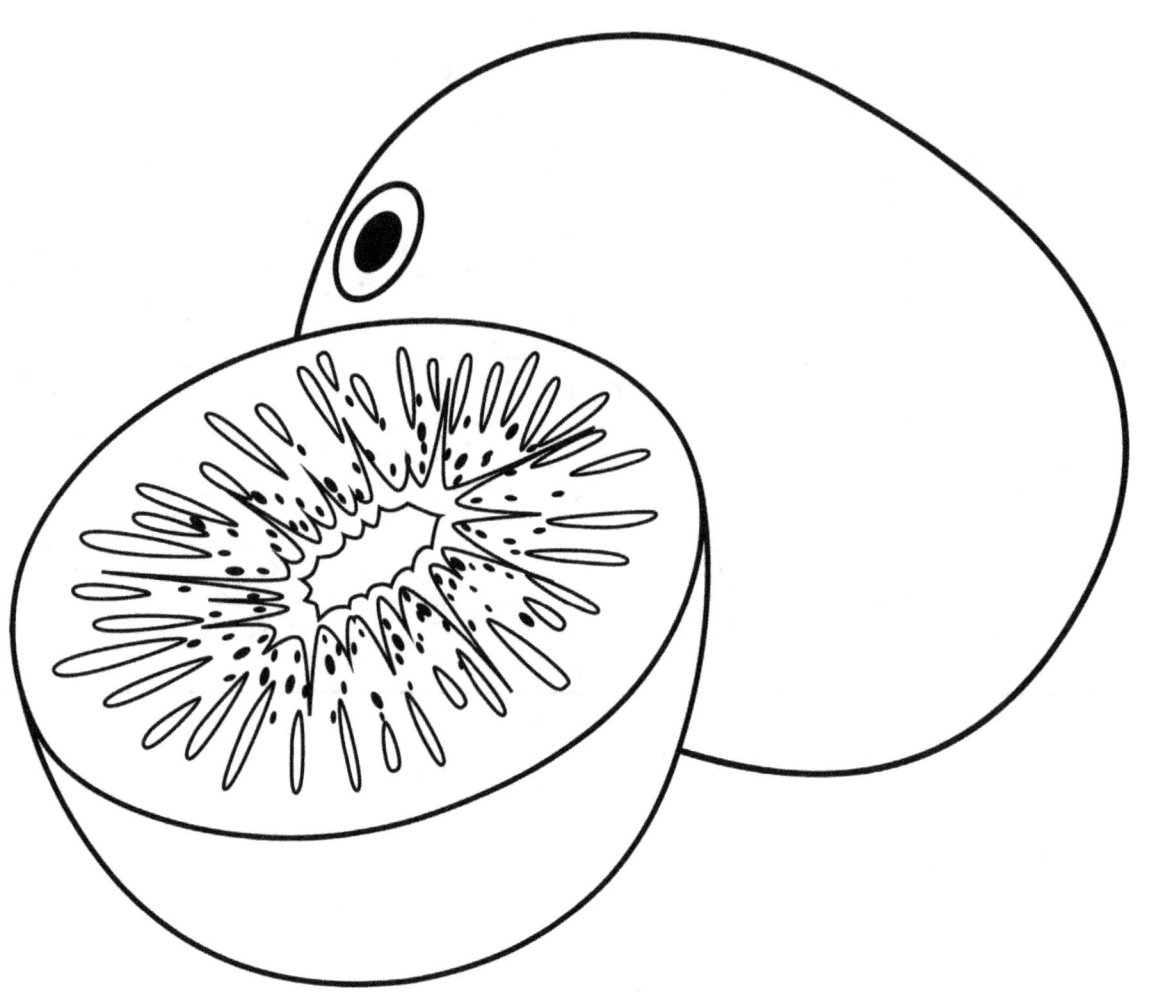

Kiwi

Kiwi

Geléia

J_m

Água-viva

Jell_fi_h

Zepelim

Ze_peli_

Kiwi

K_wi

Morango

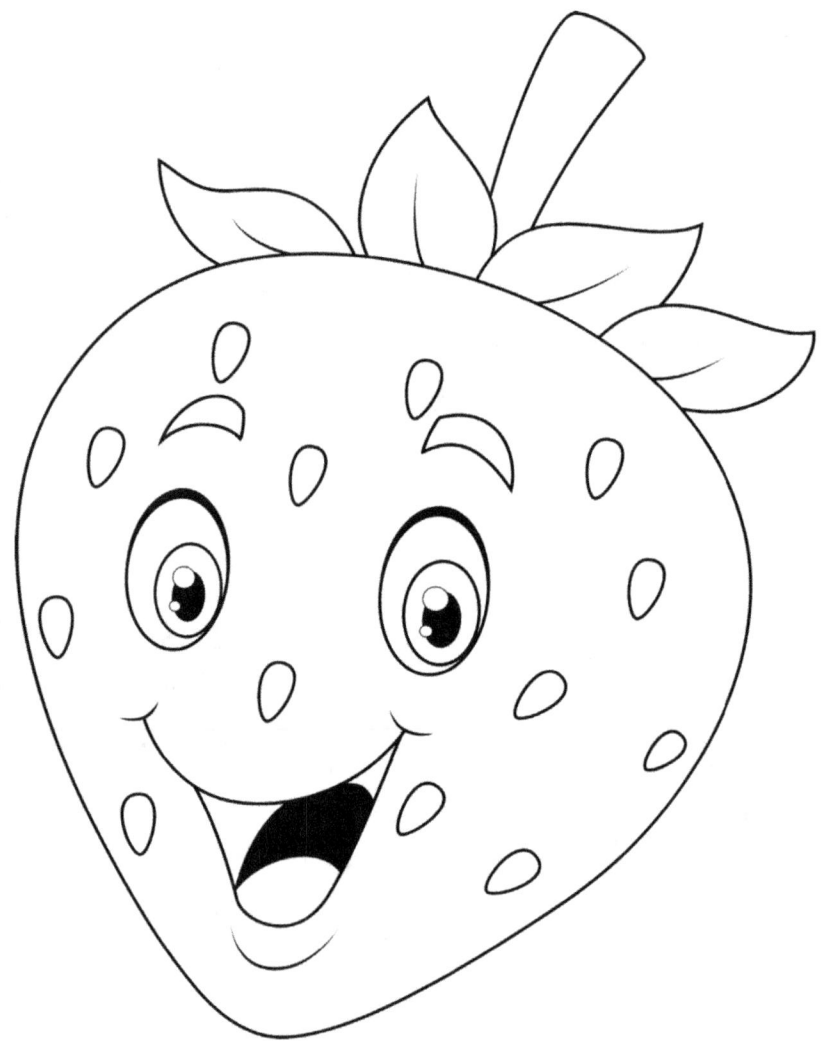

Strawberry

Strawberry

Folhas

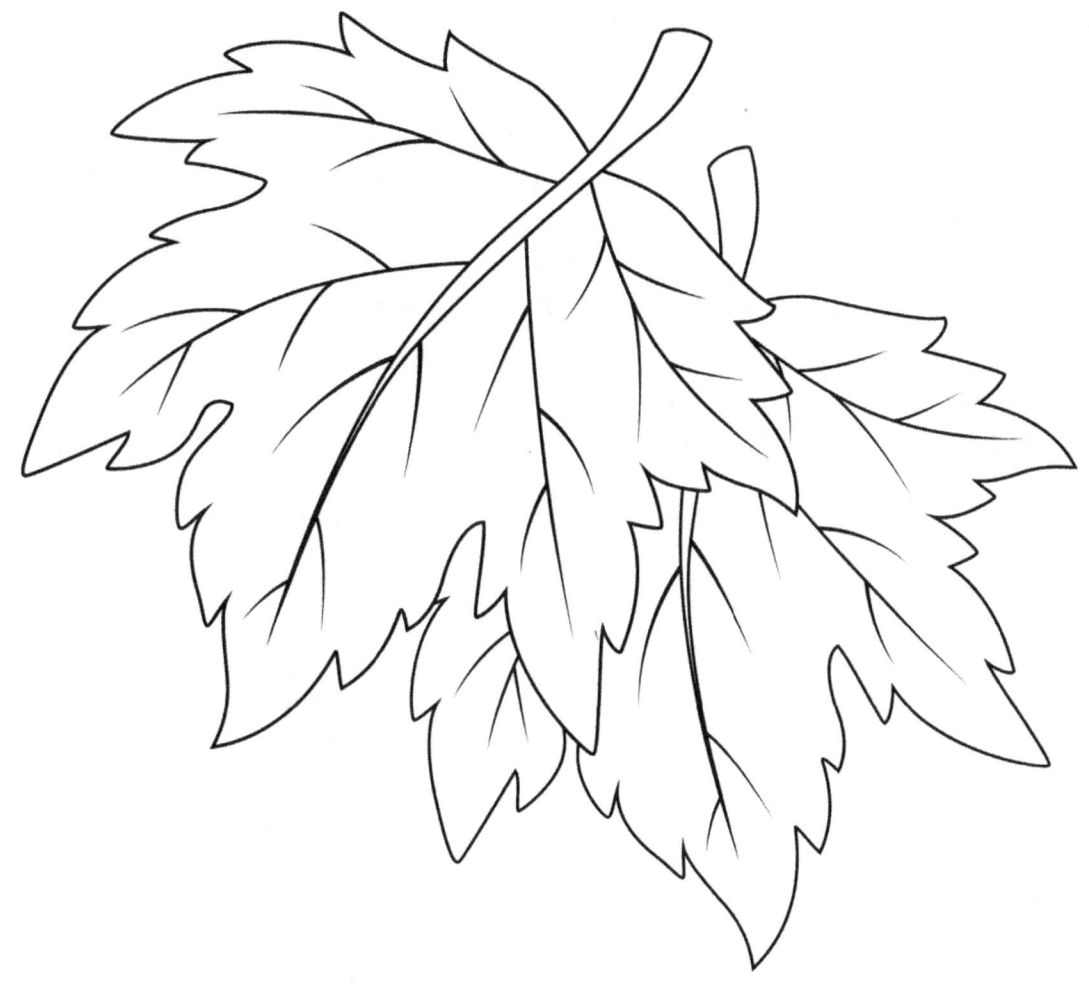

Leaves

Leaves
_____
_____
_____

Lâmpada

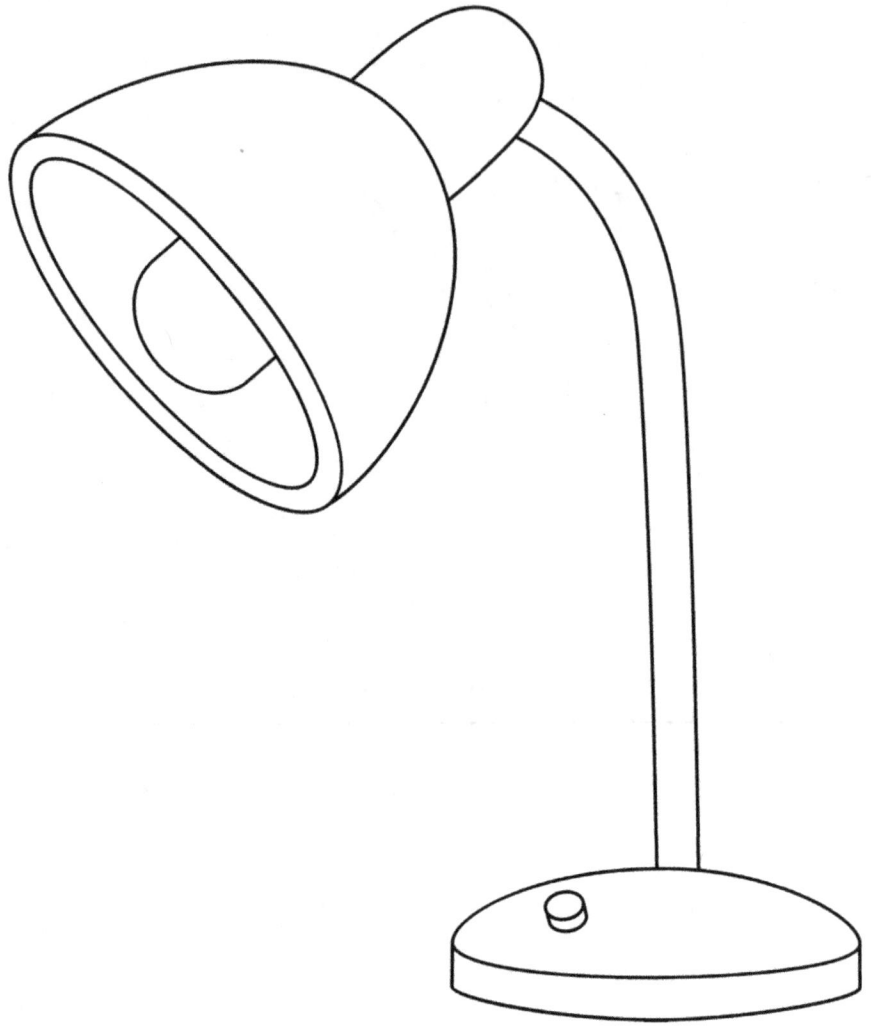

Lights

Lights
_____

_____

_____

Leão

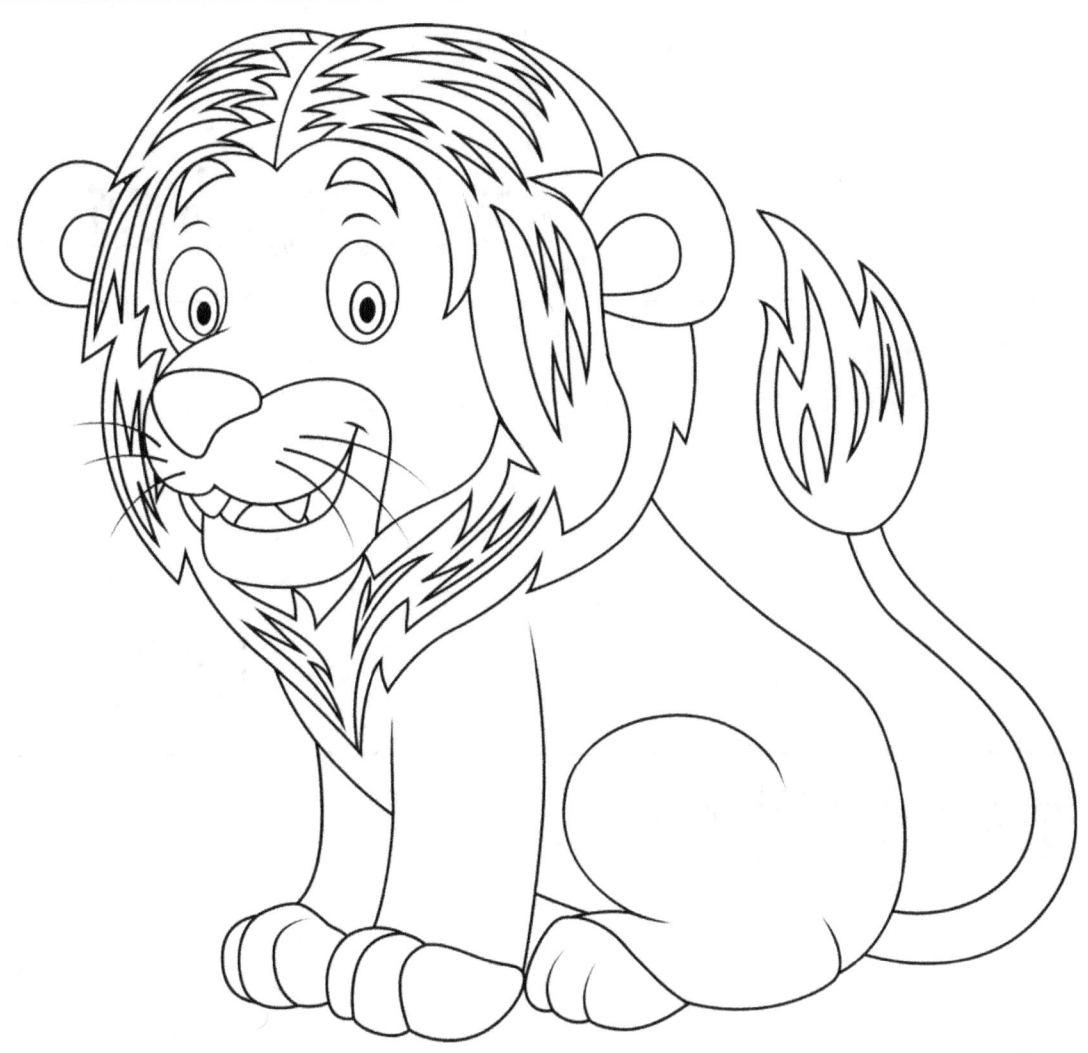

Lion

Lion
_____

_____

_____

Morango

St_a_berry

Folhas

Le__es

Lâmpada

L_ght_

Leão

L_o_

Macaco

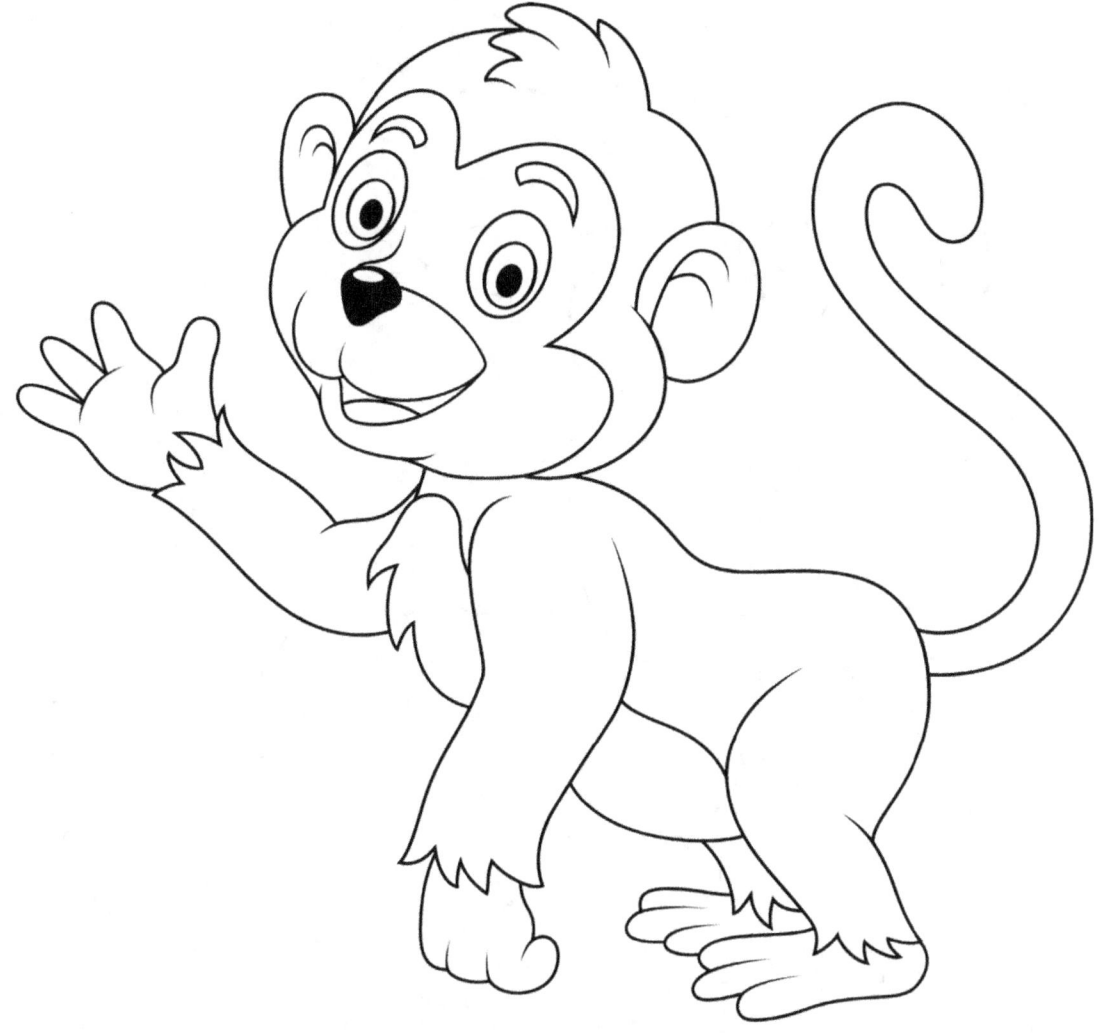

Monkey

Monkey

Rato

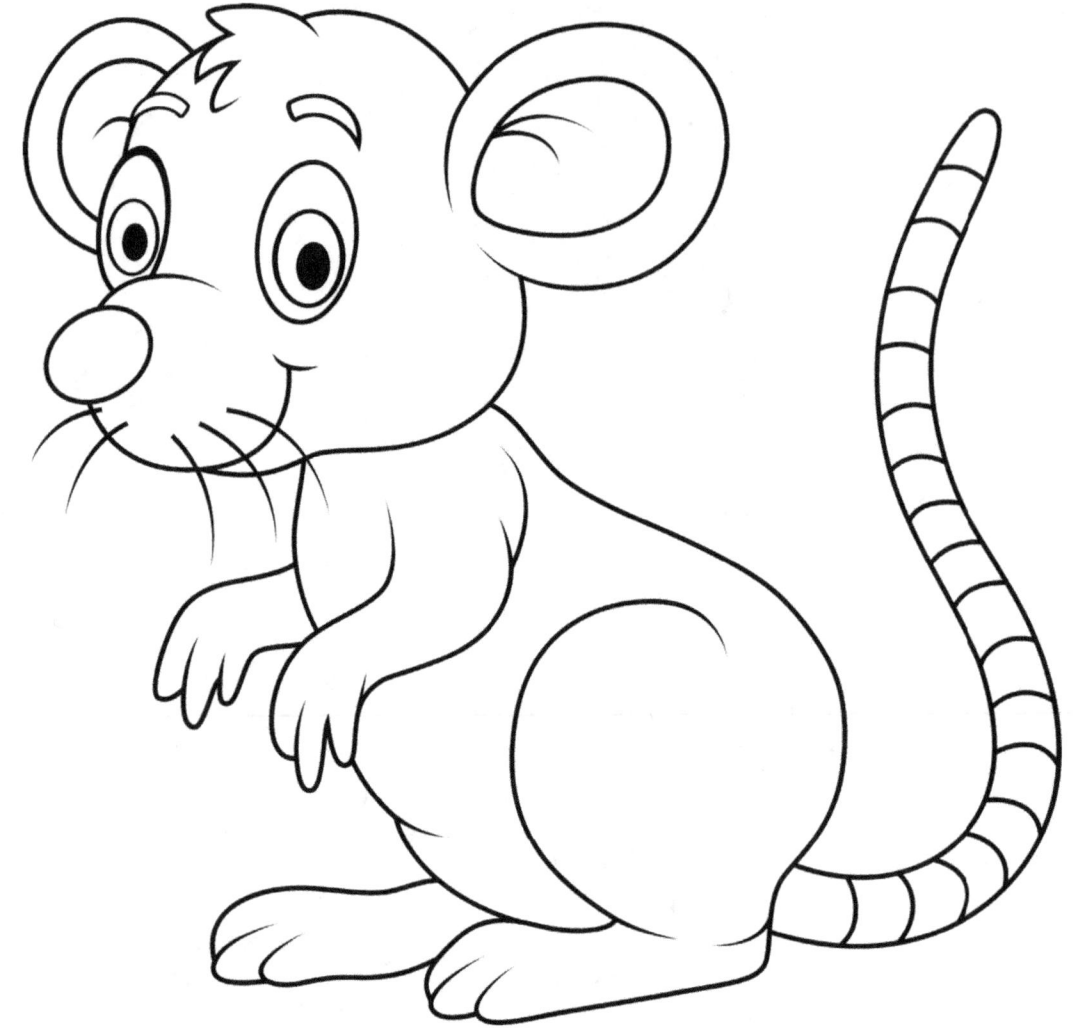

Mouse

Mouse
_____
_____

Mata-moscas

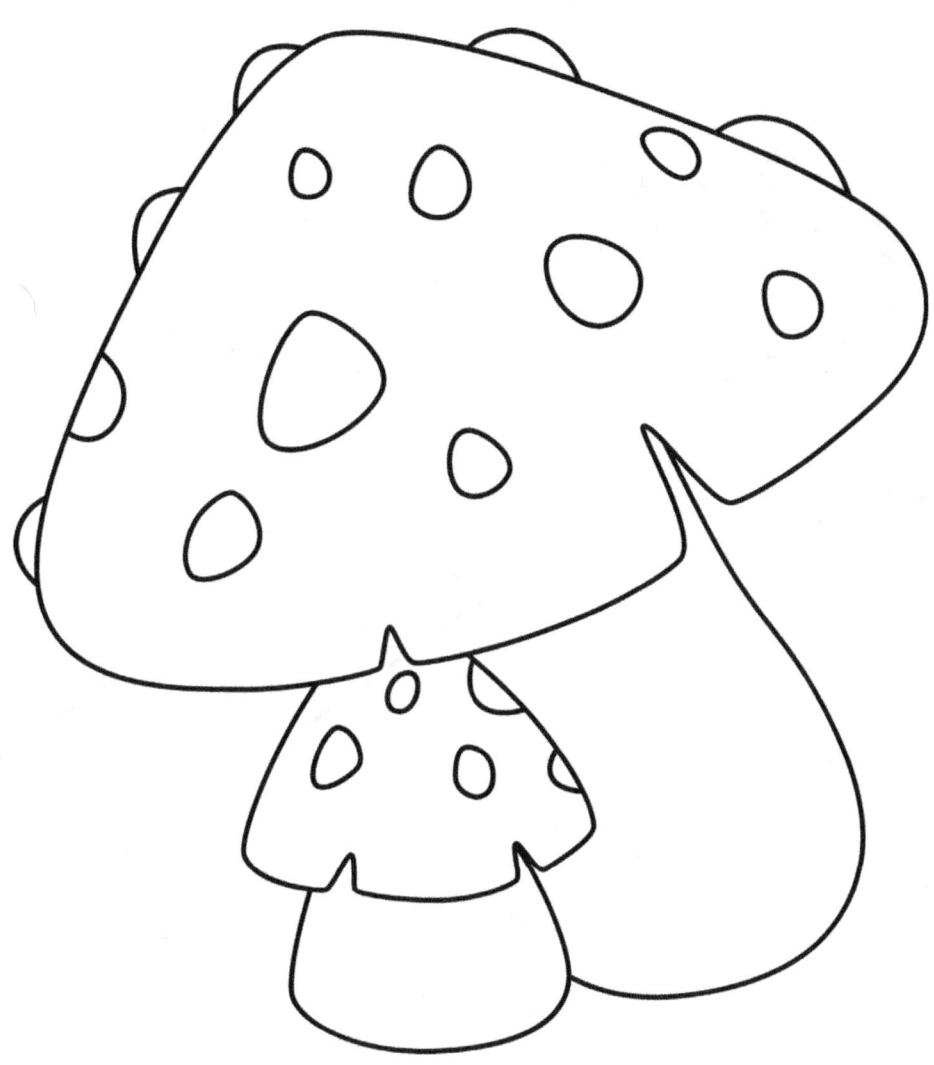

Fly agaric mushroom

Fly agaric mushroom

Prego

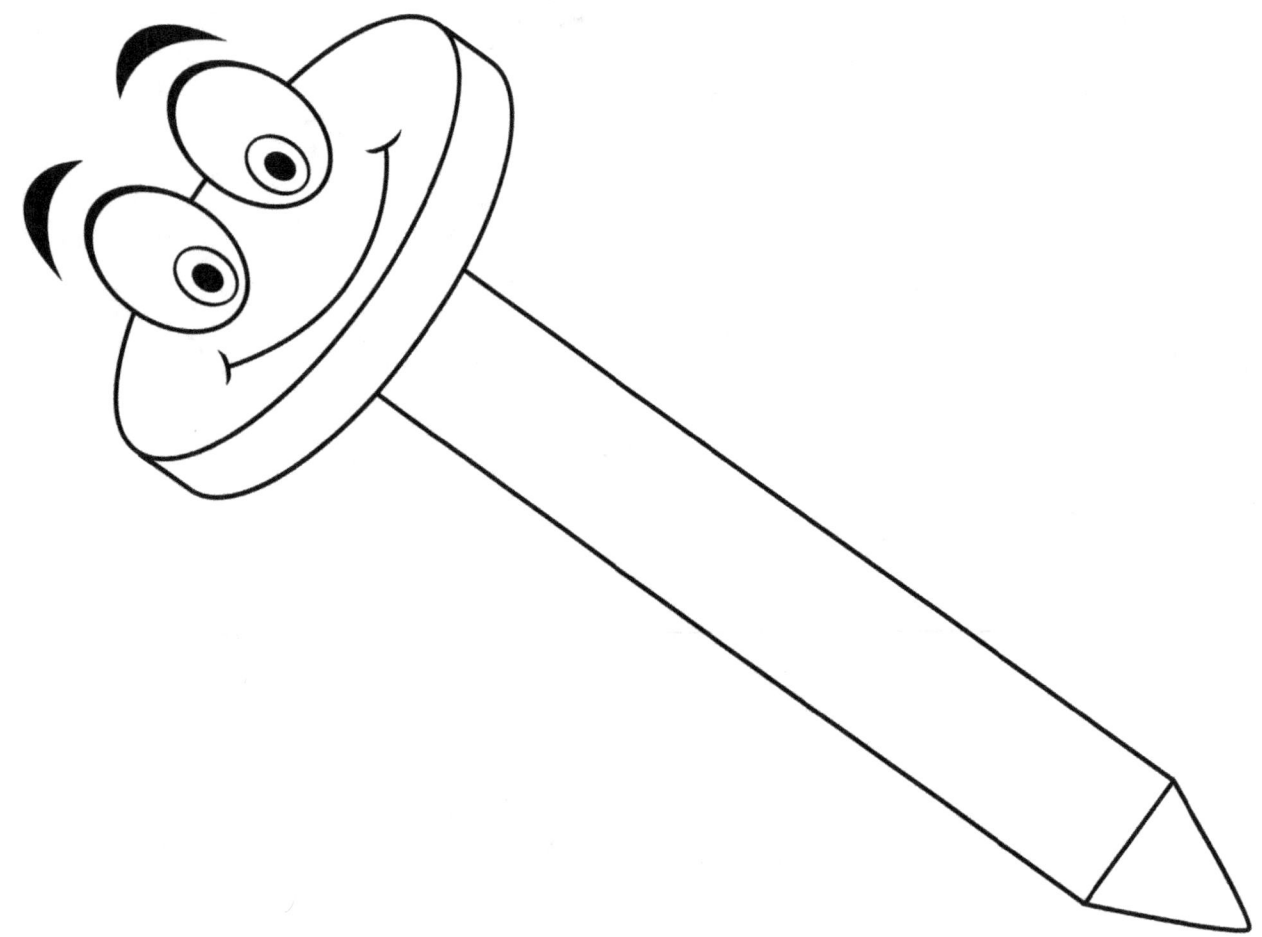

Nail

Nail
_____
_____
_____

Macaco

onke

Rato

Mous_

Mata-moscas

Fly agaric mushroo_

Prego

Na__

Cavalo

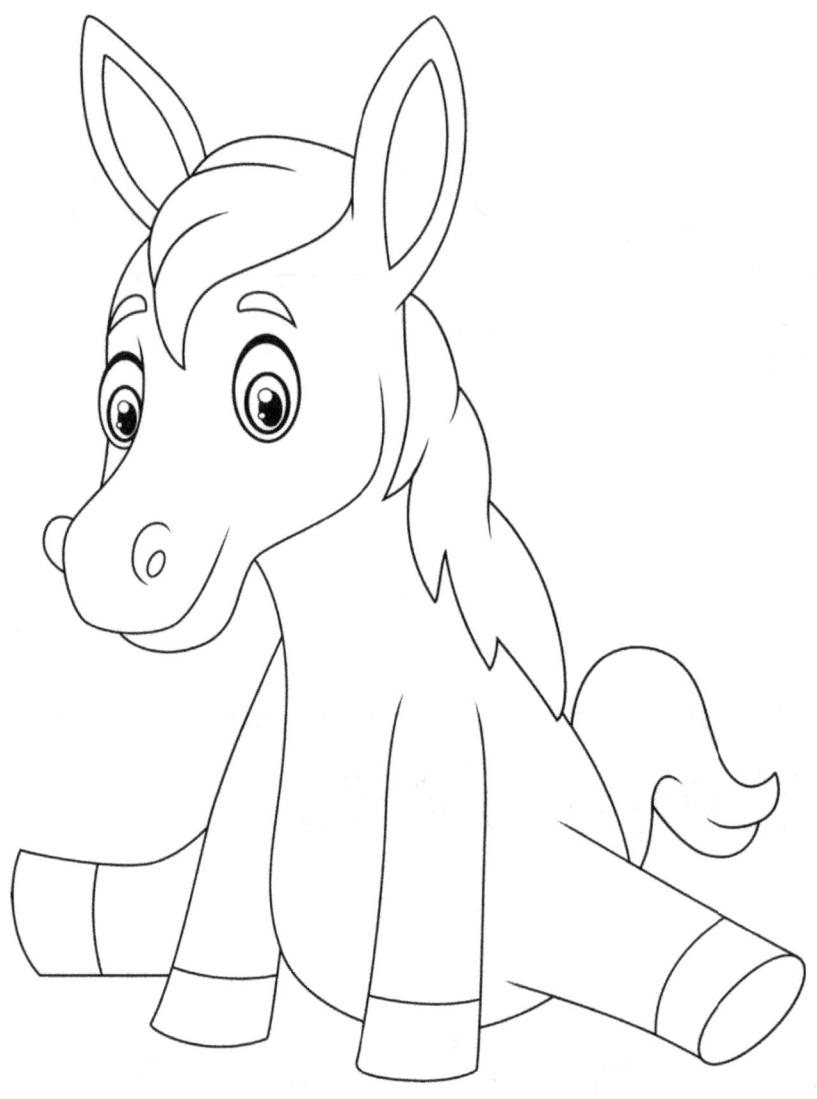

Horse

Horse

Noz

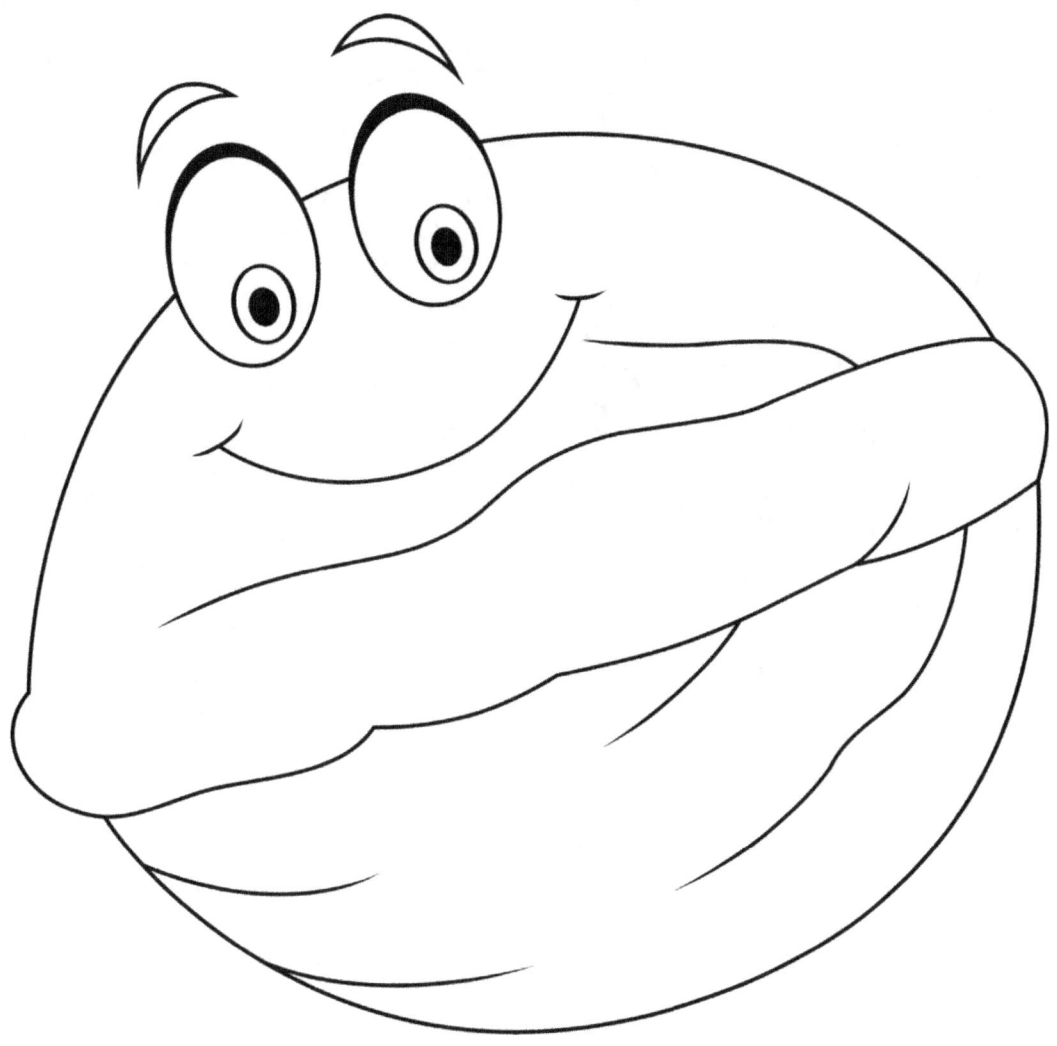

Nut

Nut

Polvo

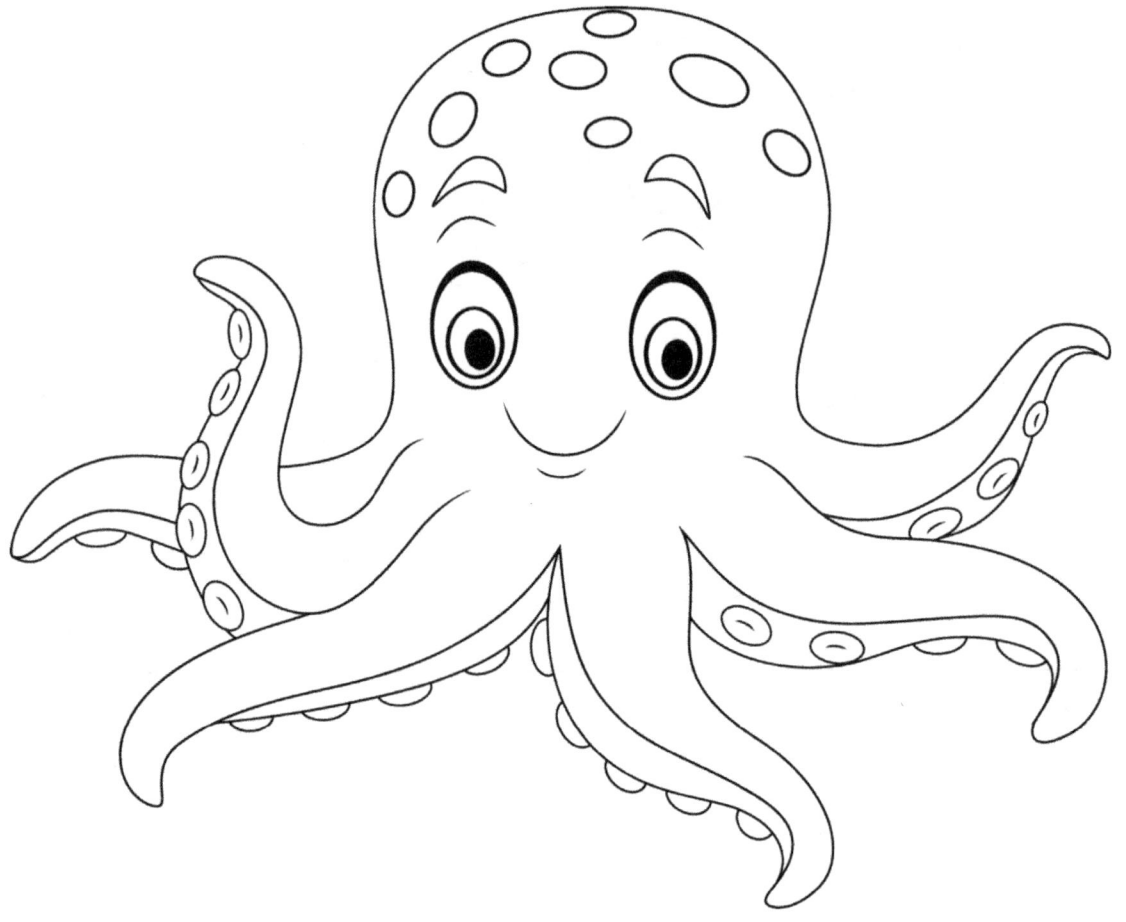

Octopus

Octopus

Laranja

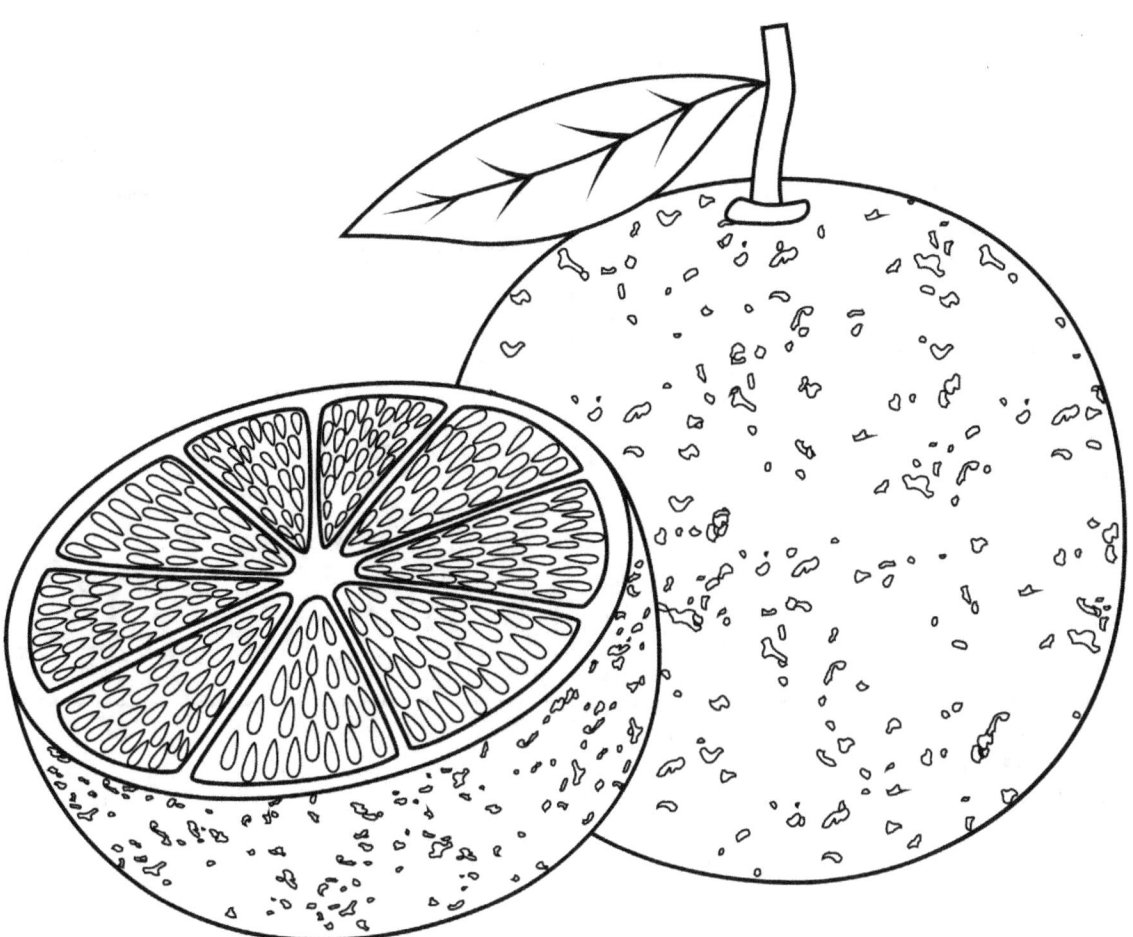

Orange

Orange

Cavalo

Hor_e

Noz

N__

Polvo

Octop__

Laranja

O_a_ge

Coruja

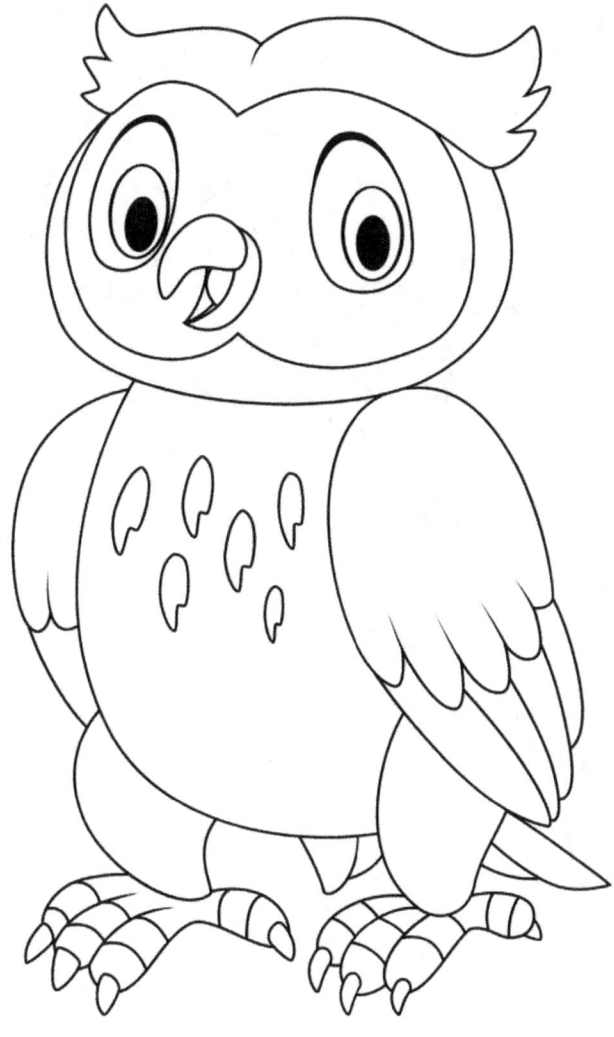

Owl

Owl
_____
_____
_____

Caneta

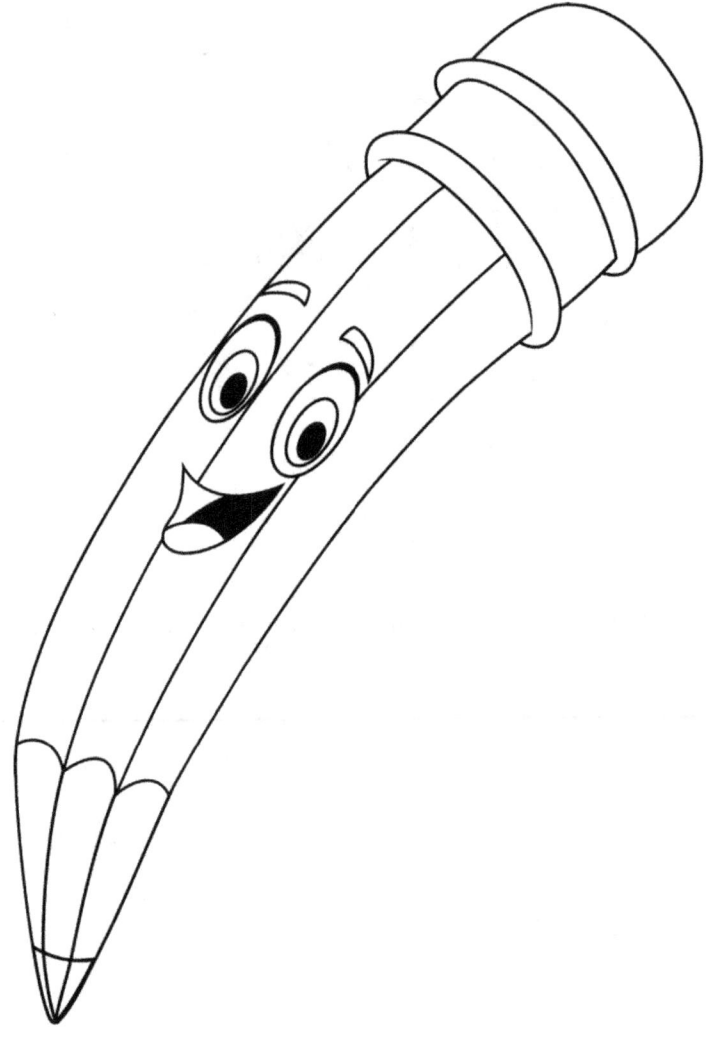

Pencil

Pencil
_____

_____

_____

Torta

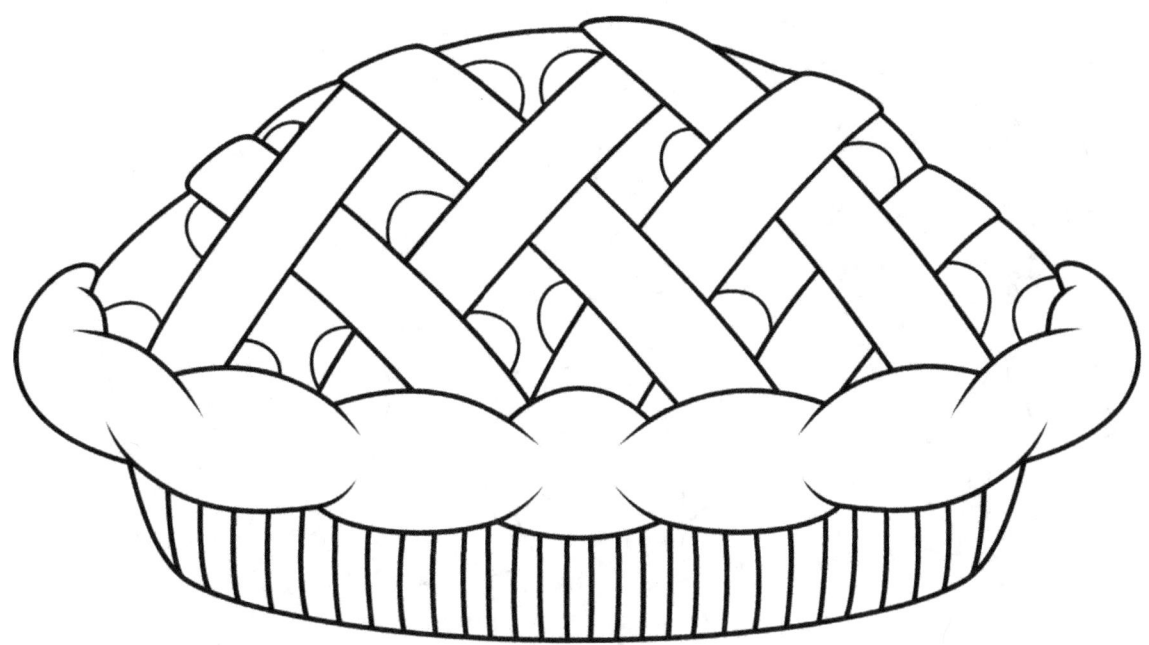

Pie

Pie

Porco

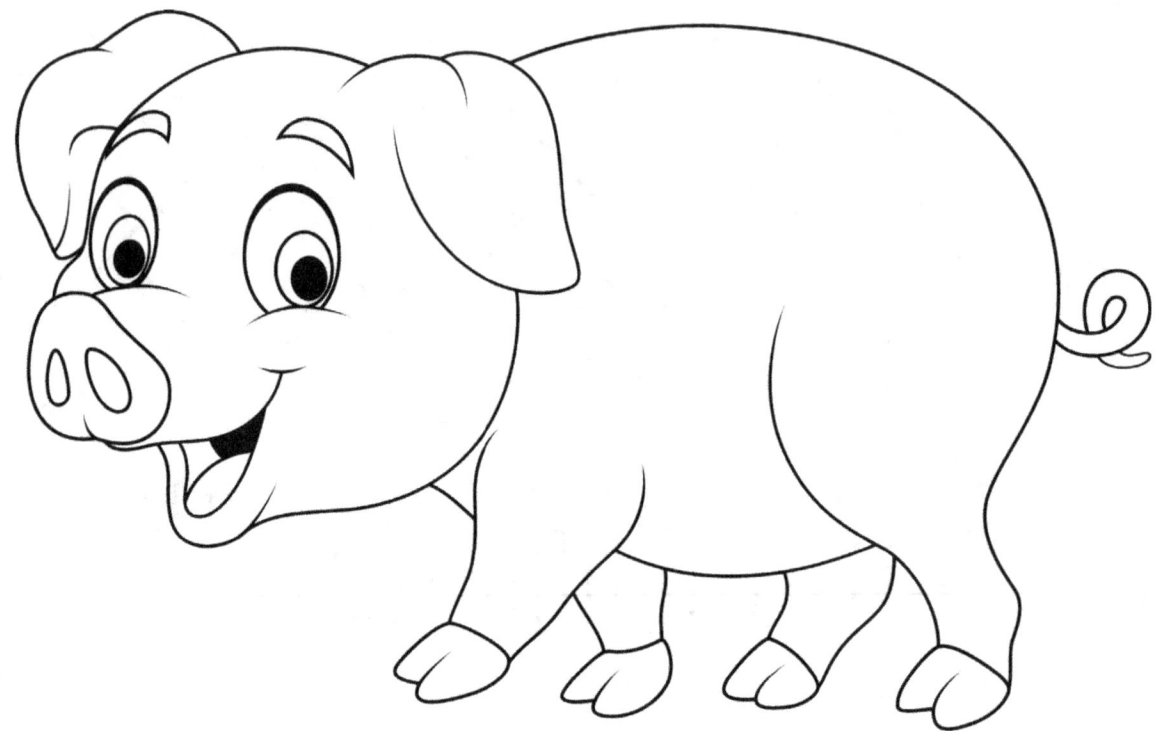

Pig

Pig

Coruja

O_l

Caneta

_e_cil

Torta

__e

Porco

_i_

Pássaro

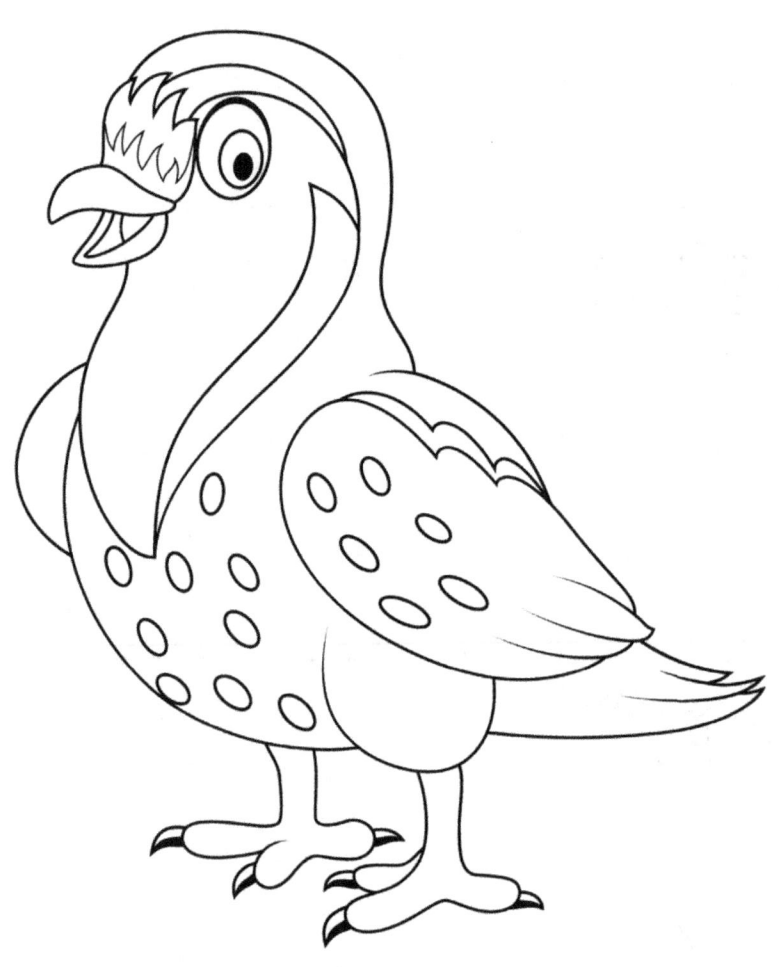

Bird

Bird

Rainha

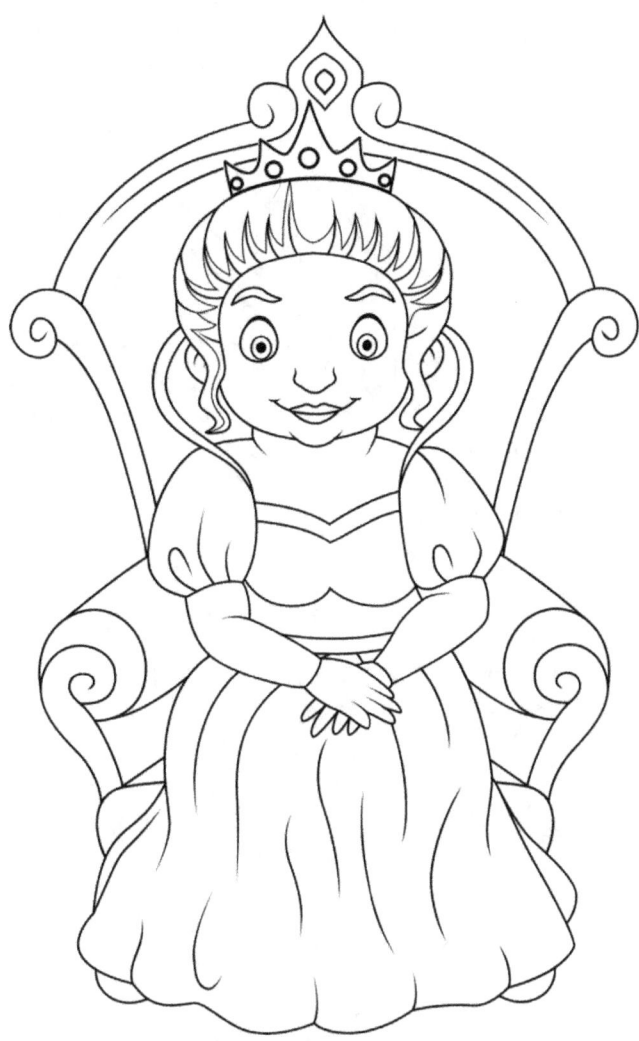

Queen

Queen
_____
_____
_____

Pena

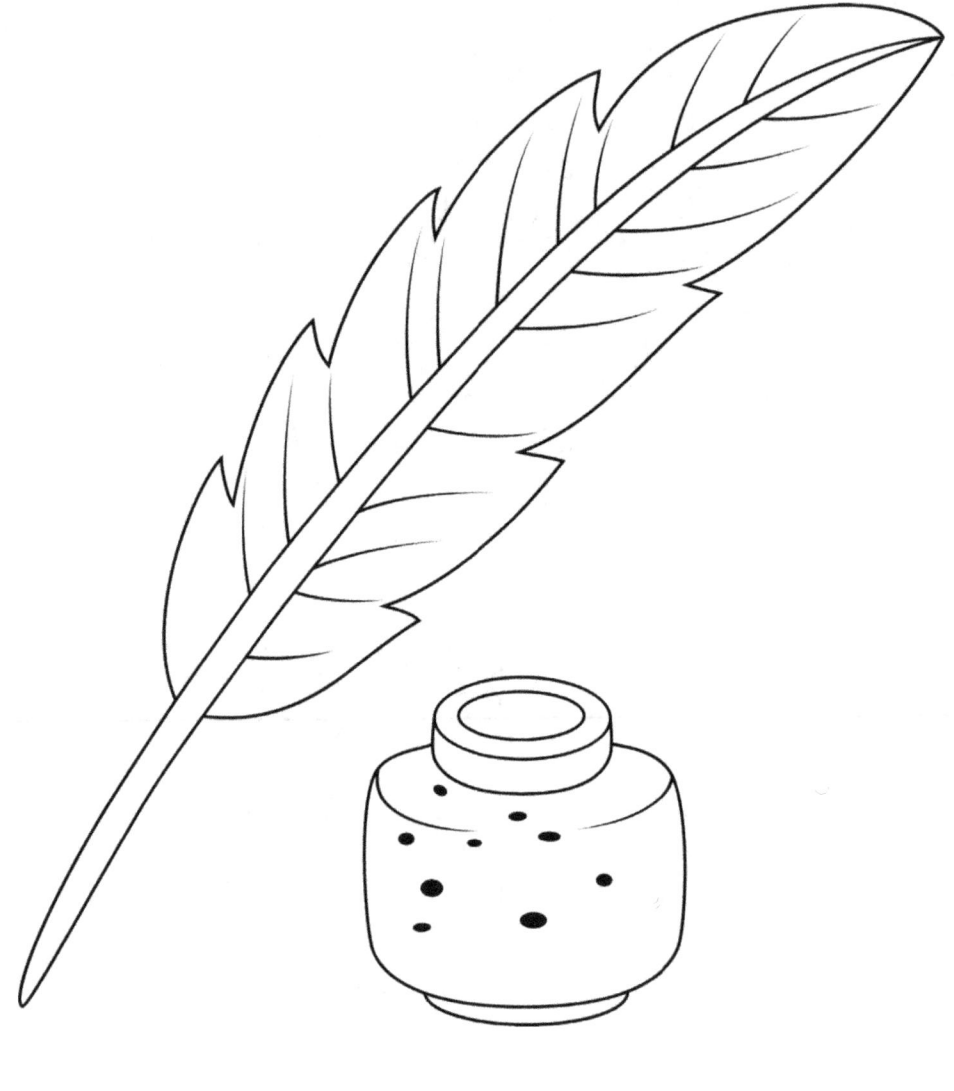

Quill

Quill

Coelho

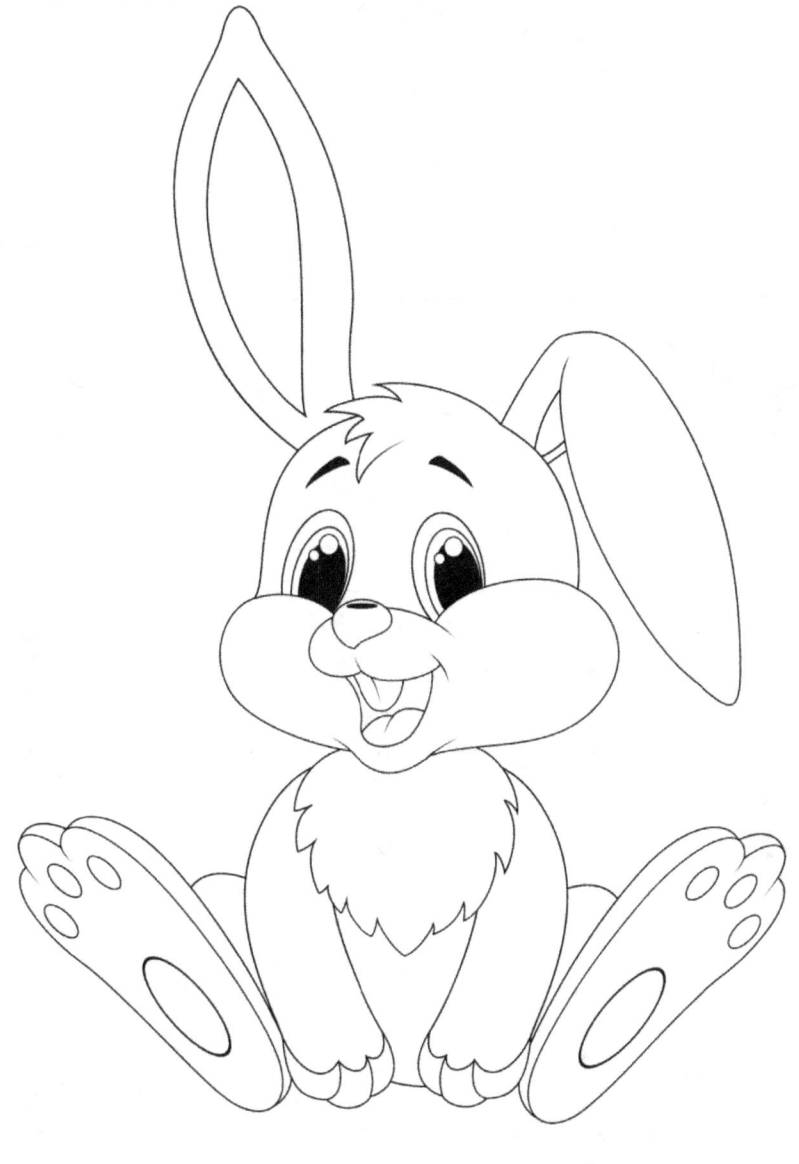

Rabbit

Rabbit

Pássaro

B_rd

Rainha

_u_en

Pena

Q_il_

Coelho

__bbit

Rinoceronte

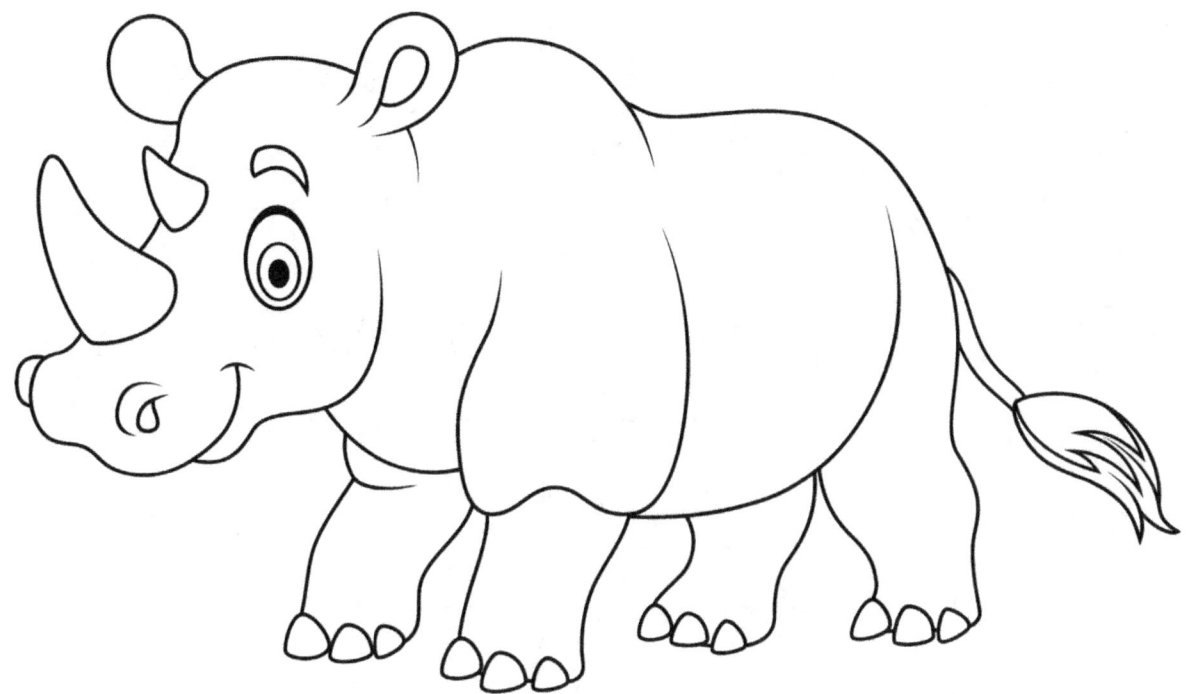

Rhino

Rhino
_____
_____
_____

Robô

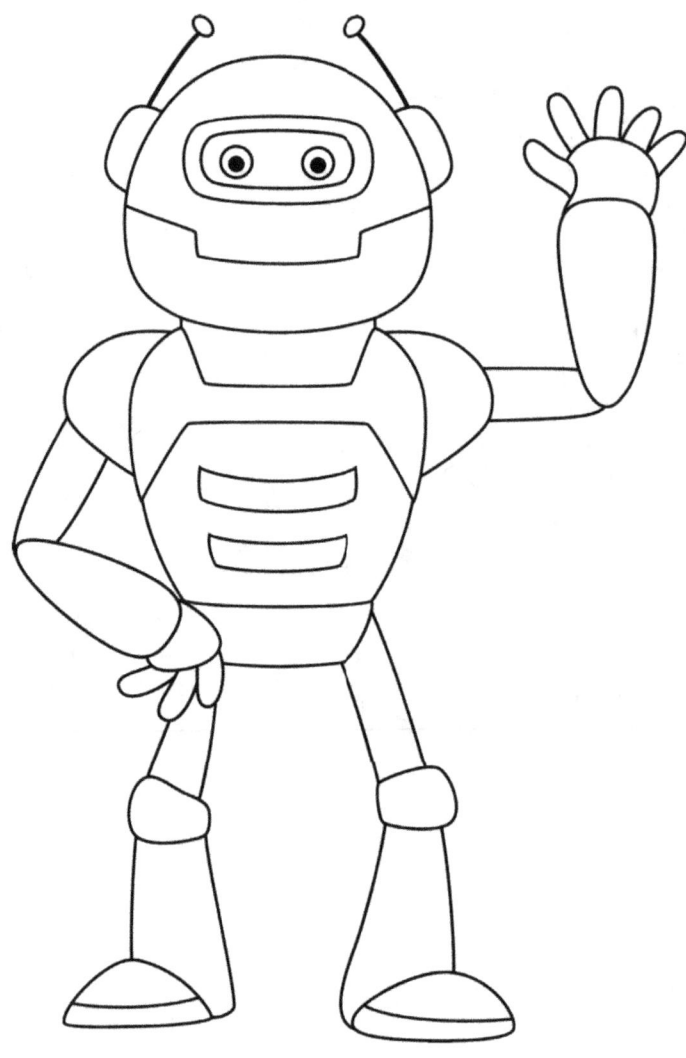

Robot

Robot

Tigre

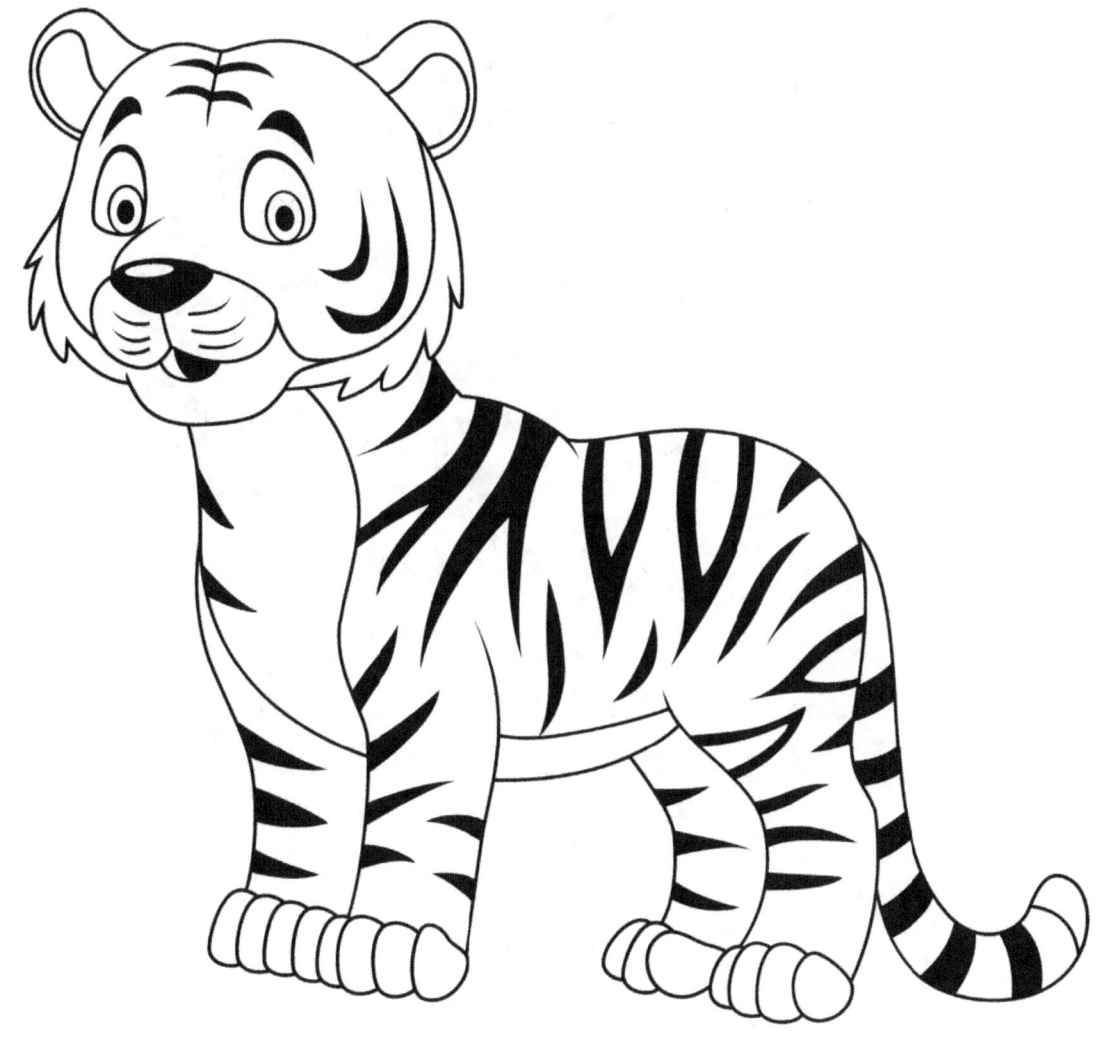

Tiger

Tiger

Árvore

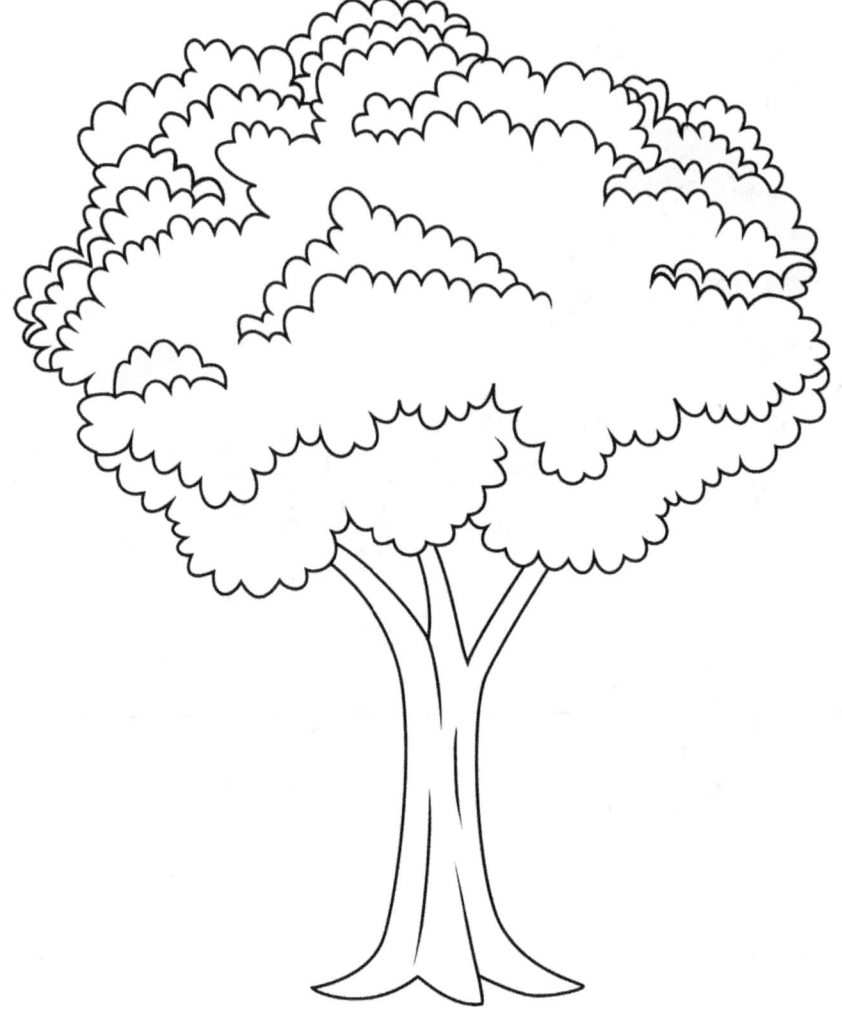

Tree

Tree
_____
_____
_____

Rinoceronte

_h_no

Robô

R__ot

Tigre

_i_er

Árvore

Tr__

Guarda-chuva

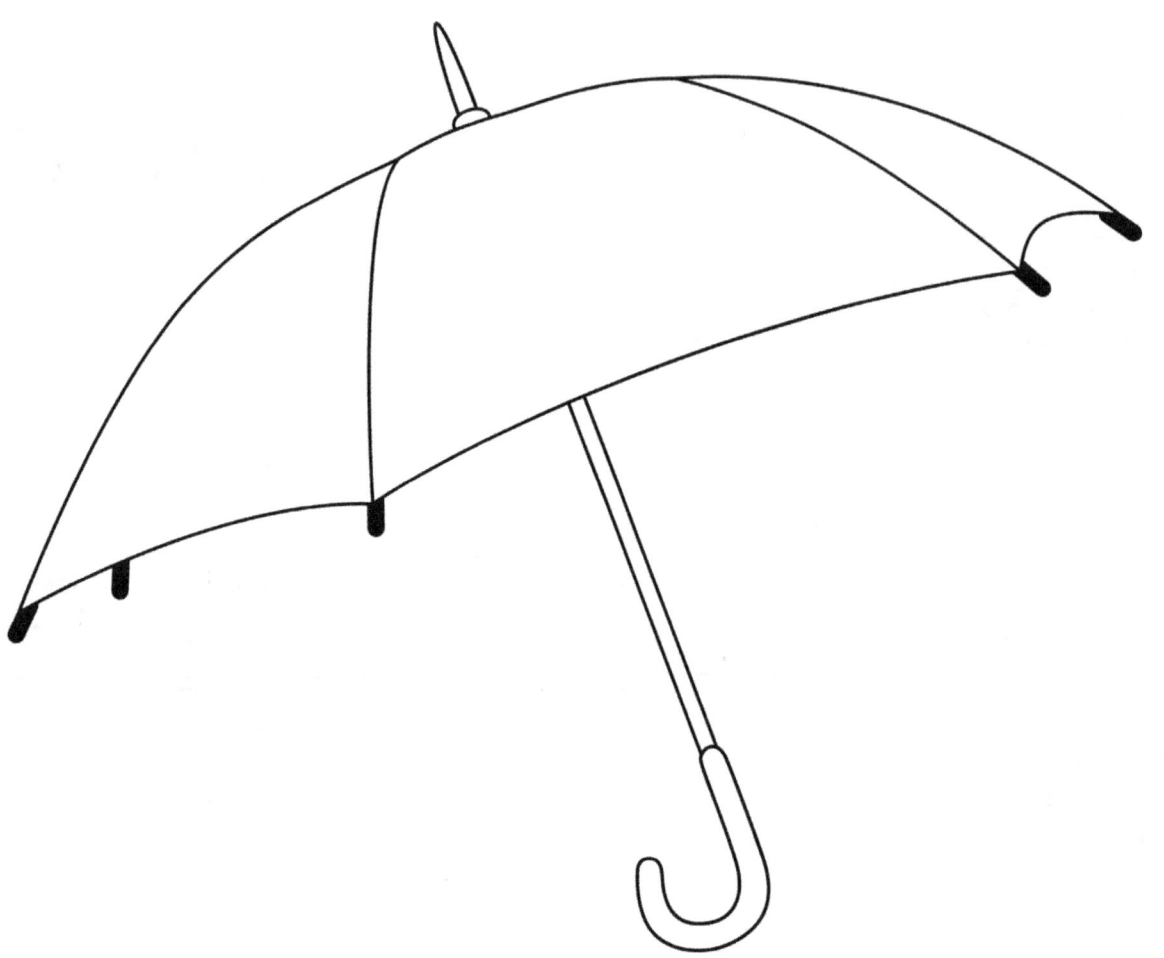

Umbrella

Umbrella

Ouriço-do-mar

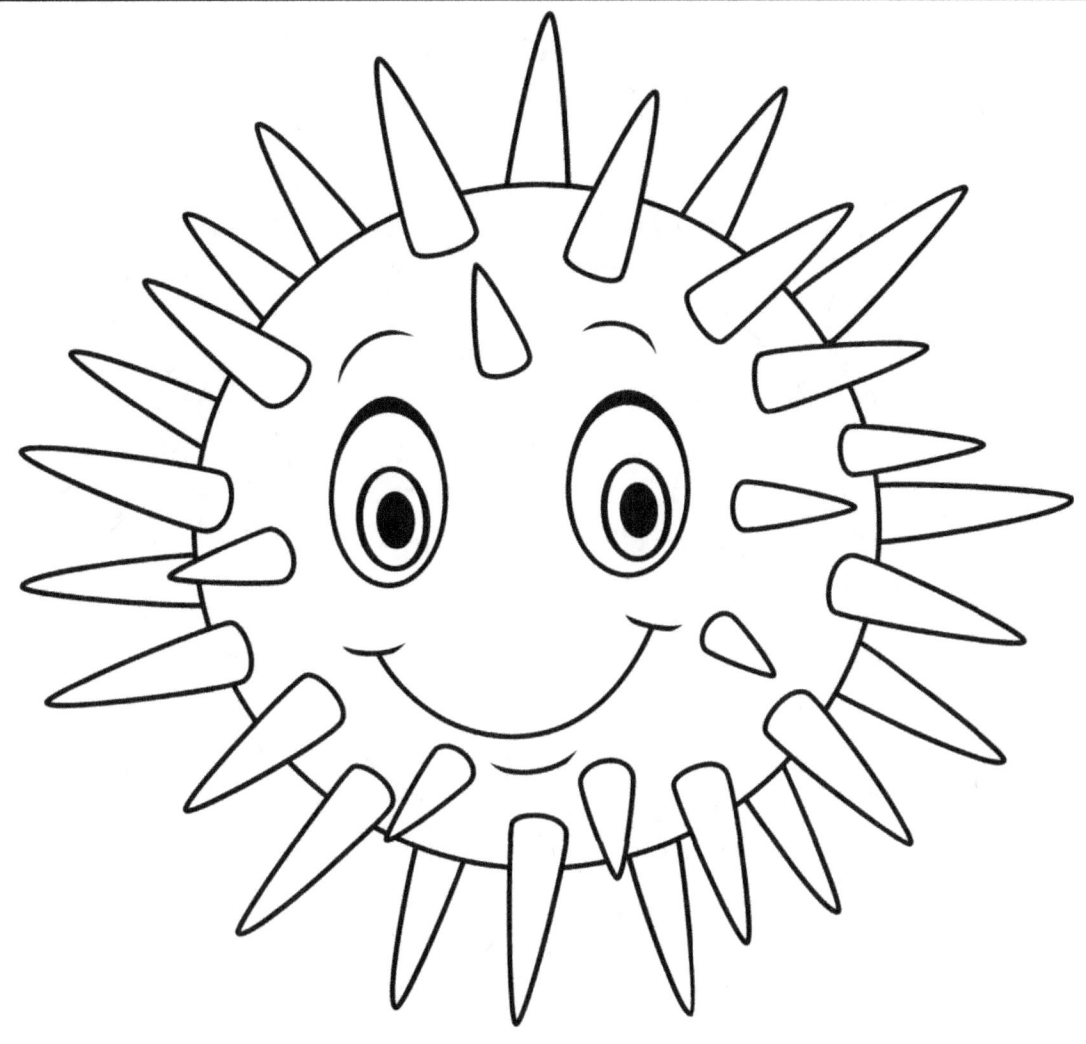

Urchin

Urchin

Sol

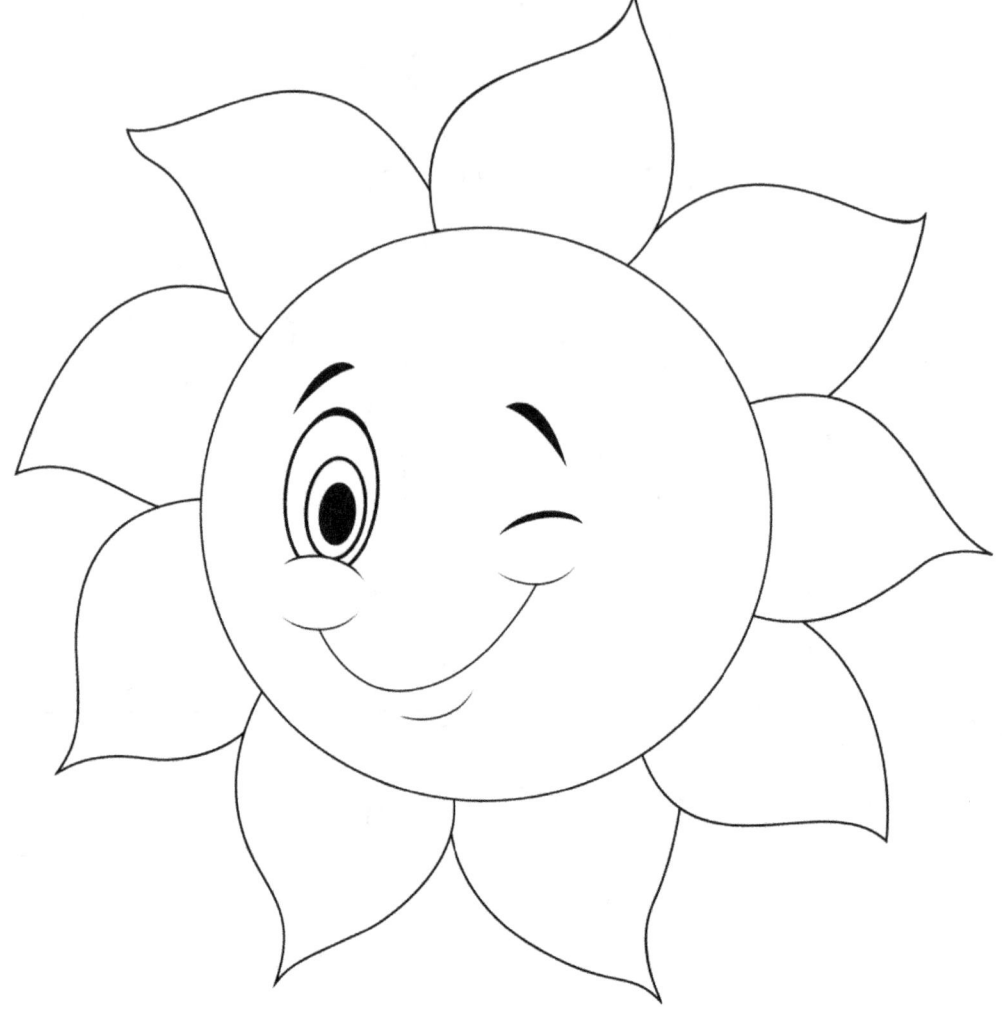

Sun

Sun
_____

_____

_____

Vegetal

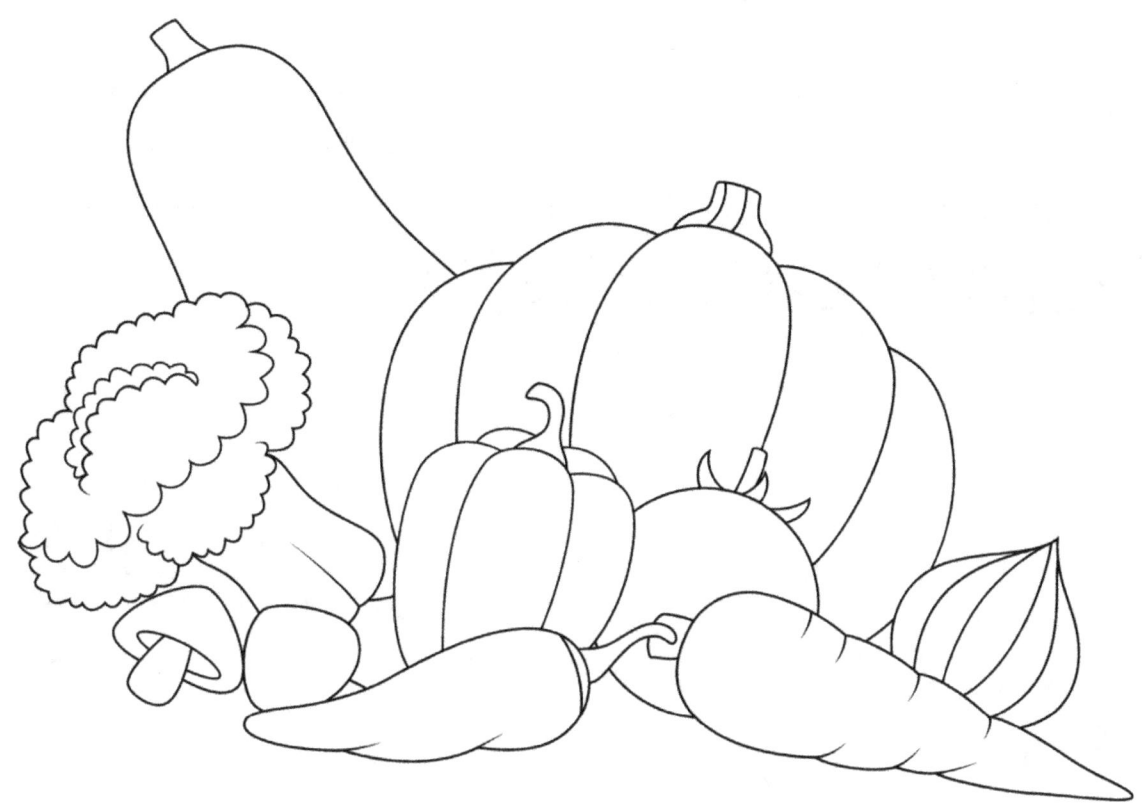

Vegetable

Vegetable

Guarda-chuva

_mbrel_a

Ouriço-do-mar

_rchin

Sol

S__

Vegetal

V_get_ble

Vulcão

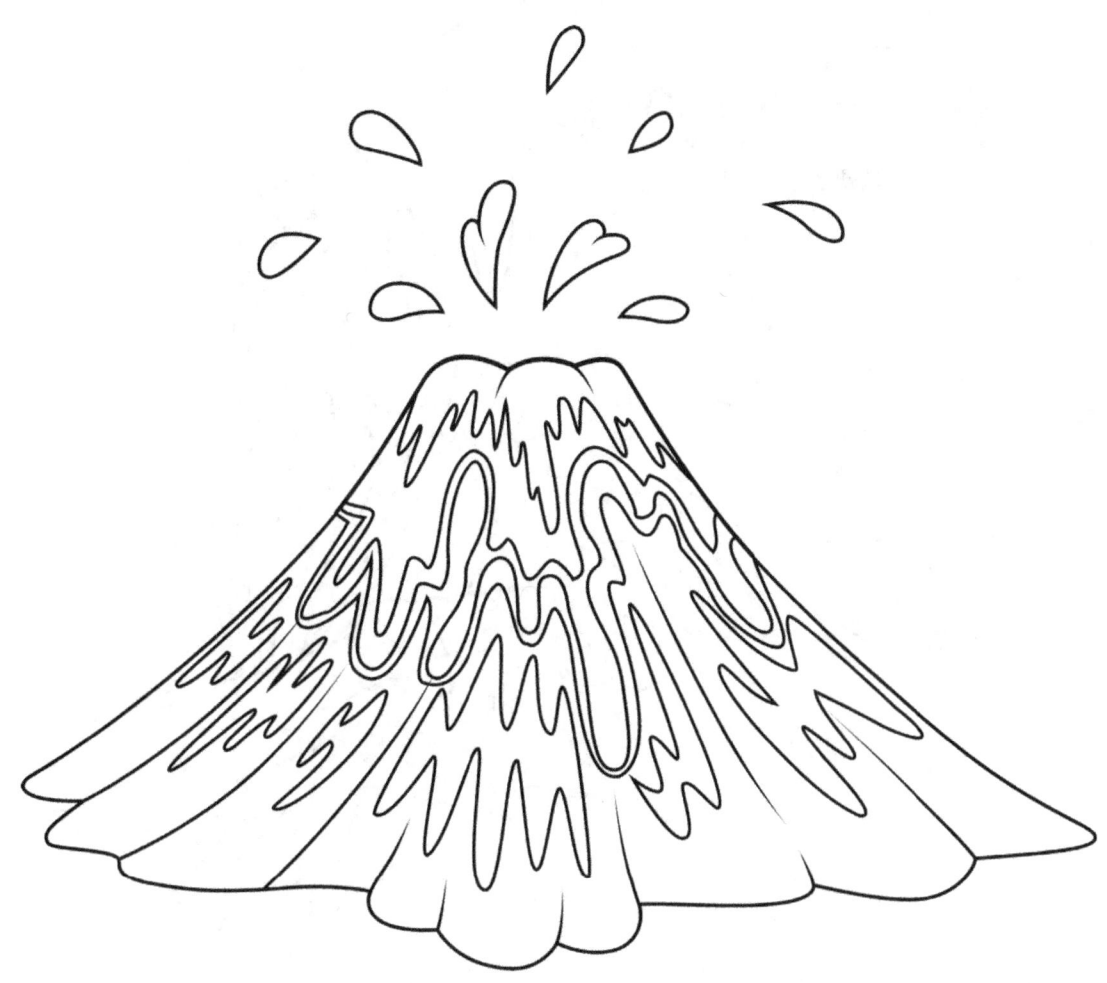

Volcano

Volcano

Abutre

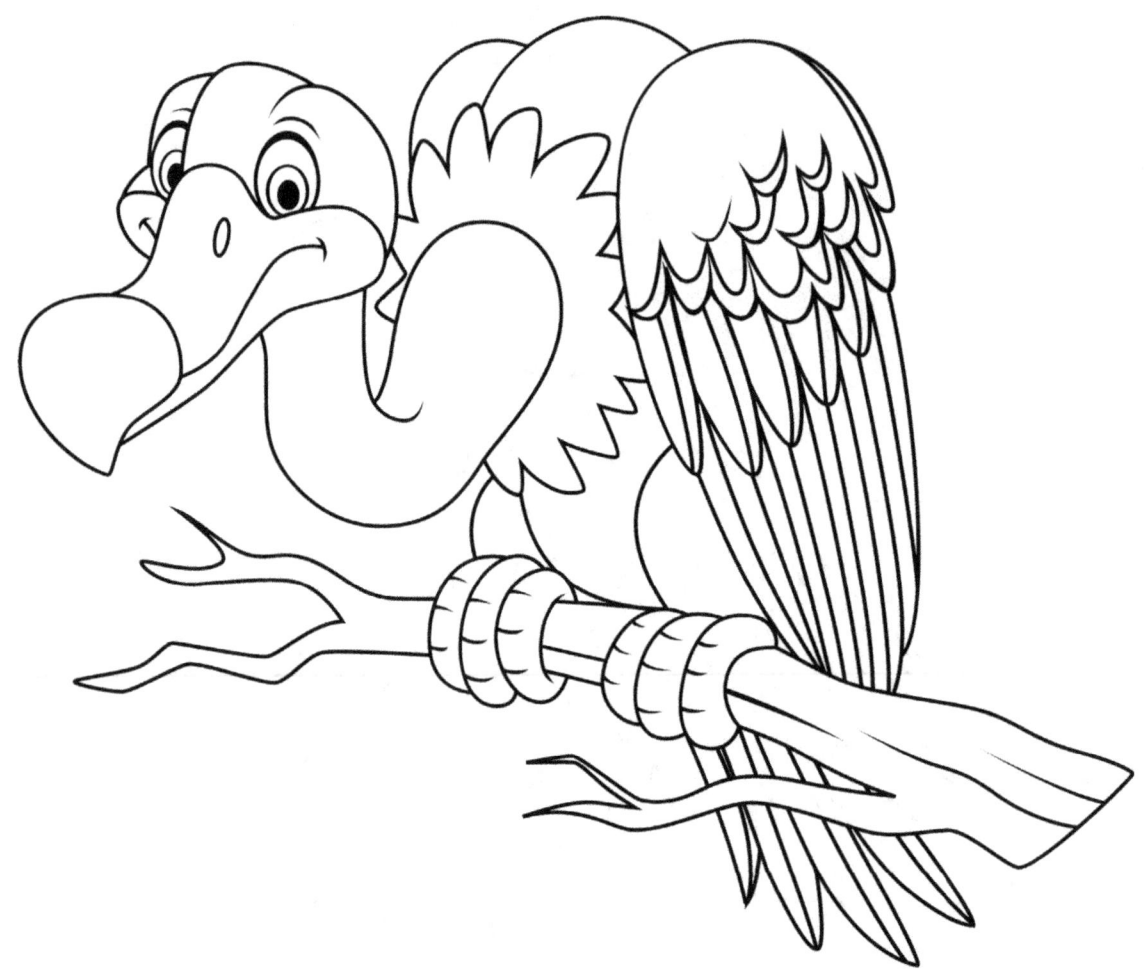

Vulture

Vulture
_____
_____
_____

Melancia

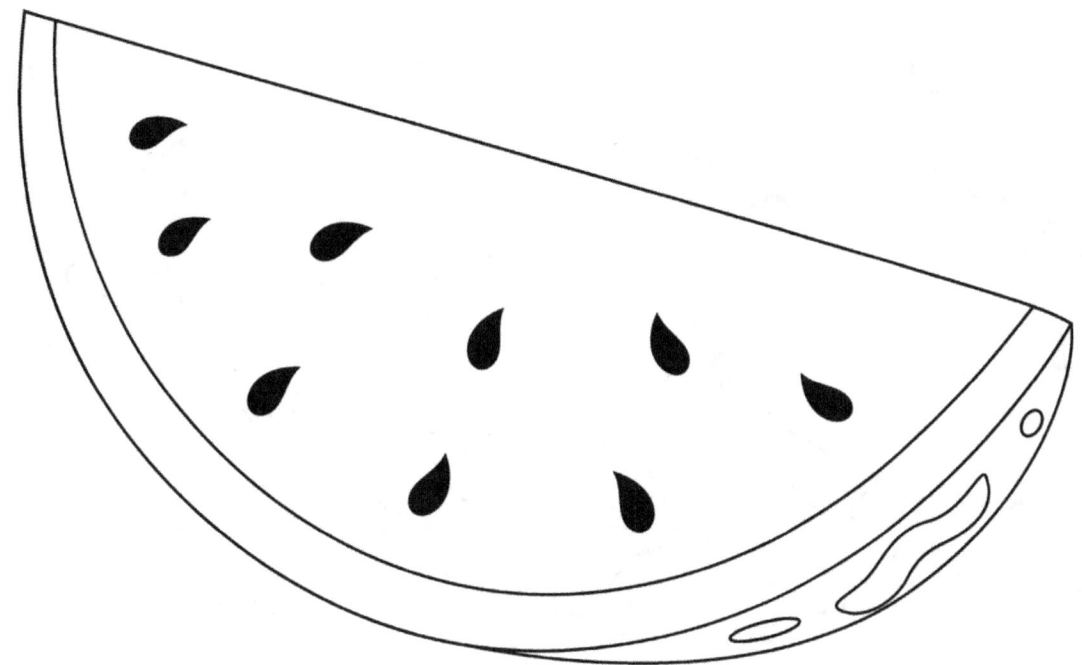

Watermelon

Watermelon
___
___

Baleia

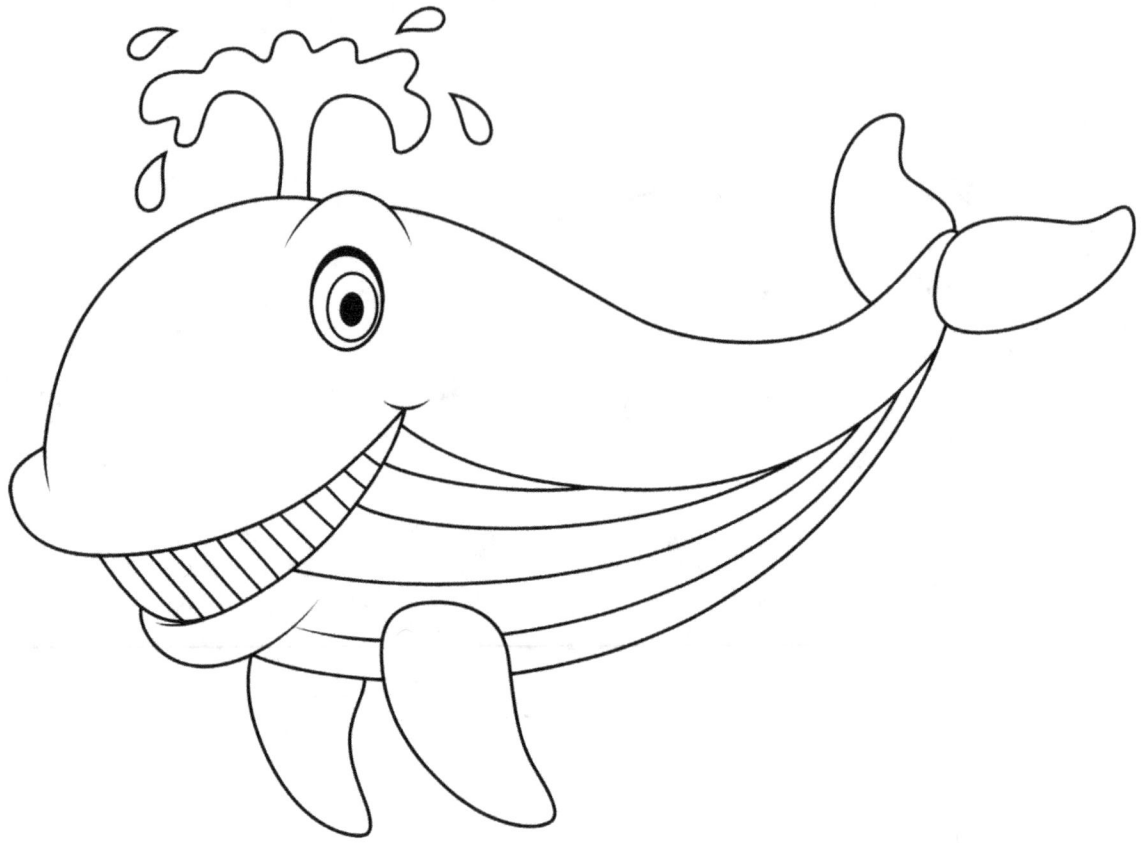

Whale

Whale
_____

_____

Vulcão

Volca_o

Abutre

Vul__re

Melancia

W_term_lon

Baleia

_h_le

Janela

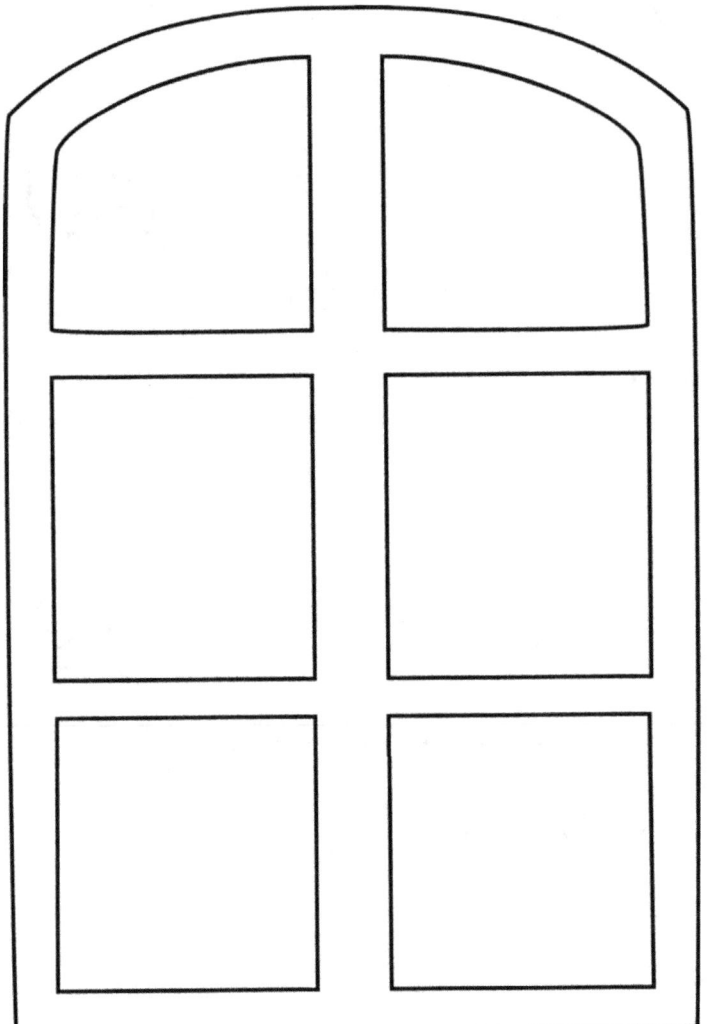

Window

Window

Xilofone

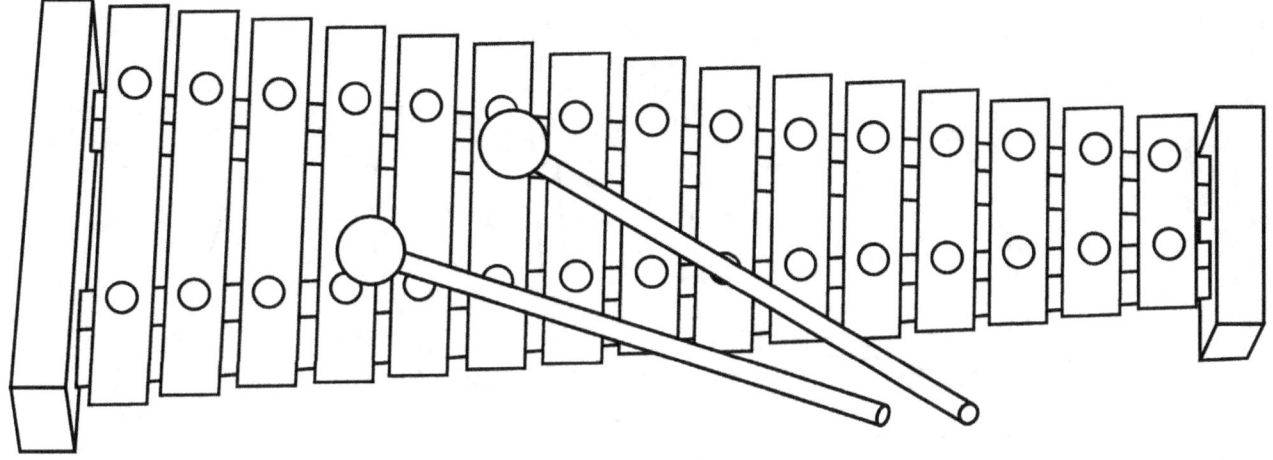

Xylophone

Xylophone
_____

_____

Veleiro

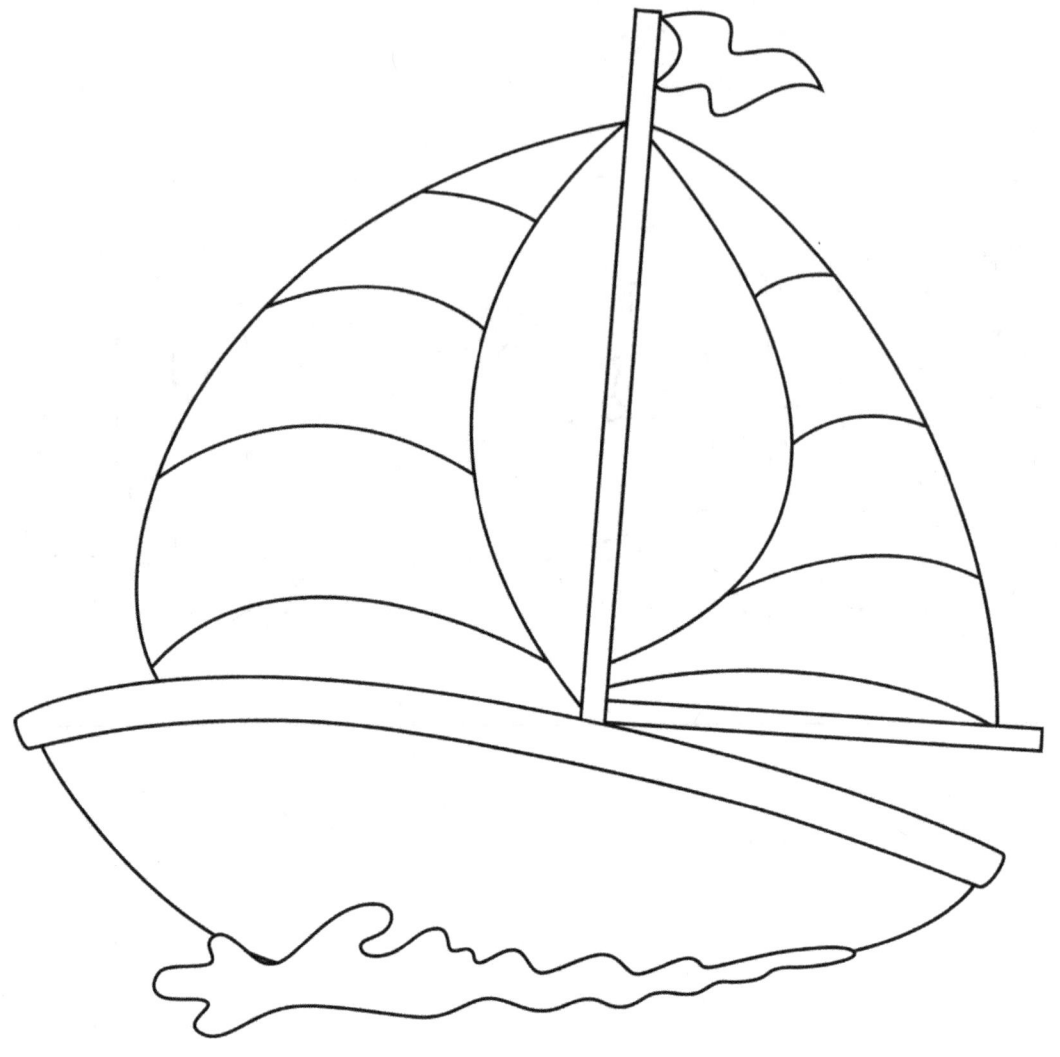

Sailing ship

Sailing ship
_____

_____

Boneco

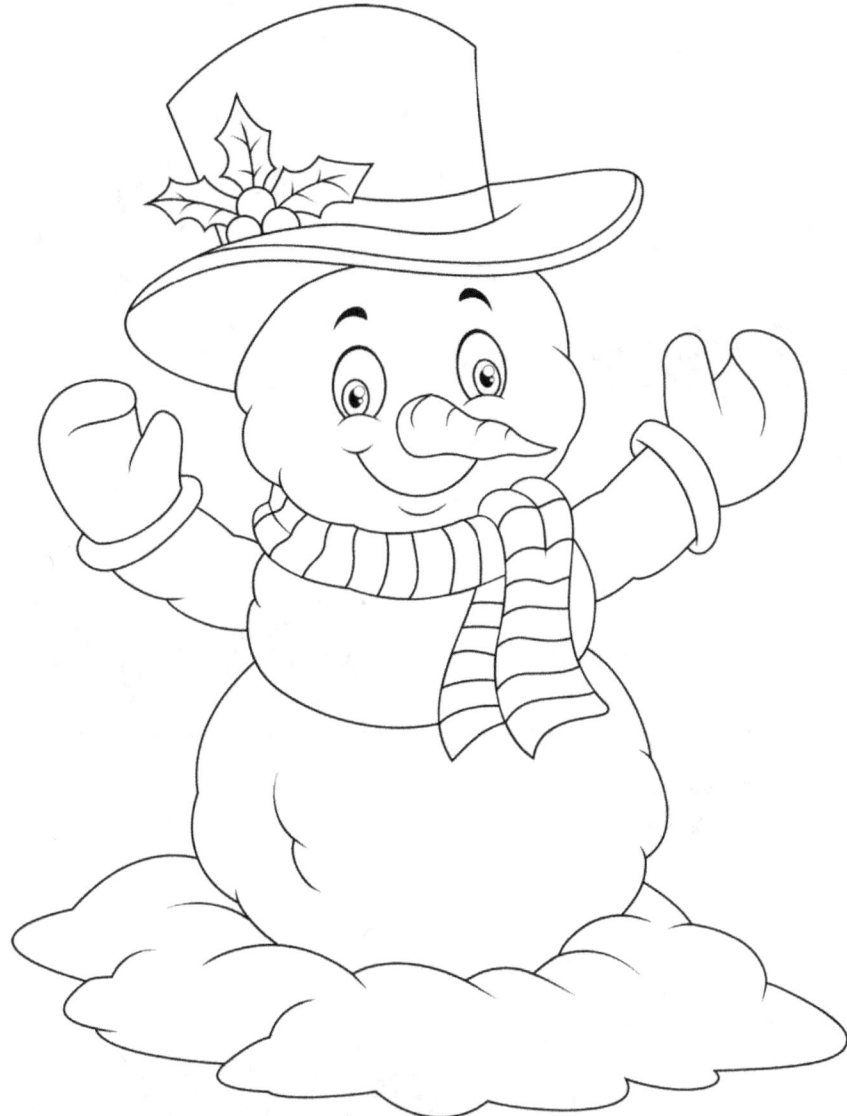

Snowman

Snowman
_____
_____
_____

Janela

Wi_do_

Xilofone

Xyl_ph_ne

Veleiro

_ai_ing ship

Boneco

nowma

Iogurte

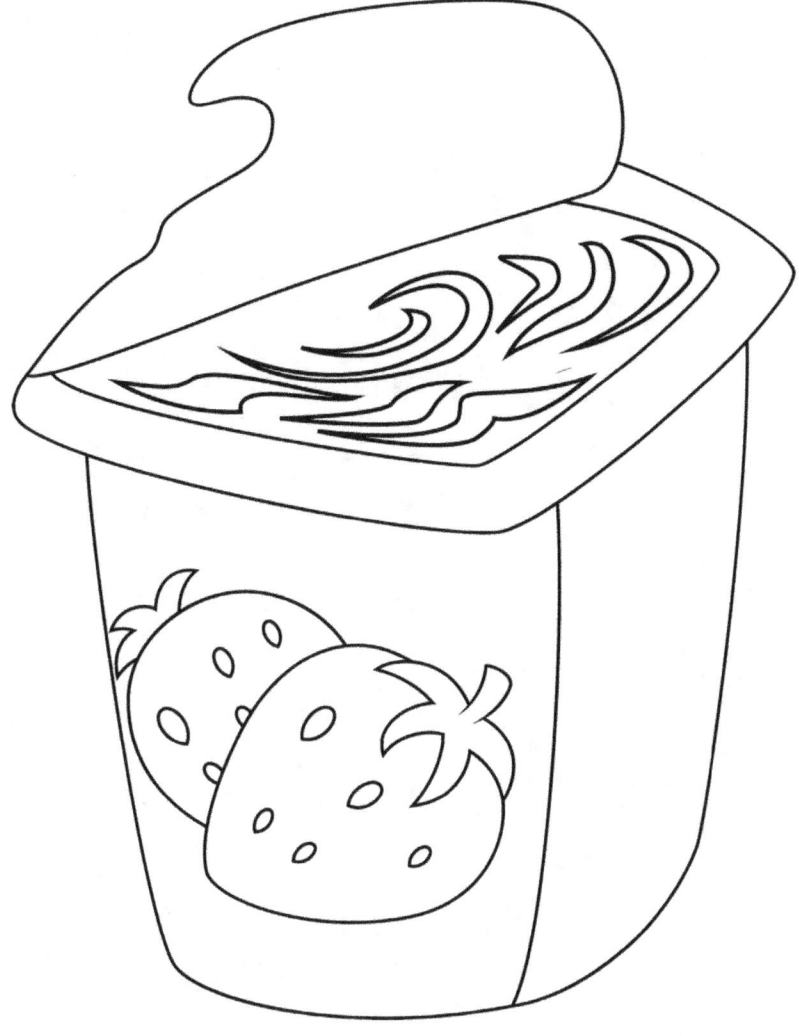

Yogurt

Yogurt

Galinha

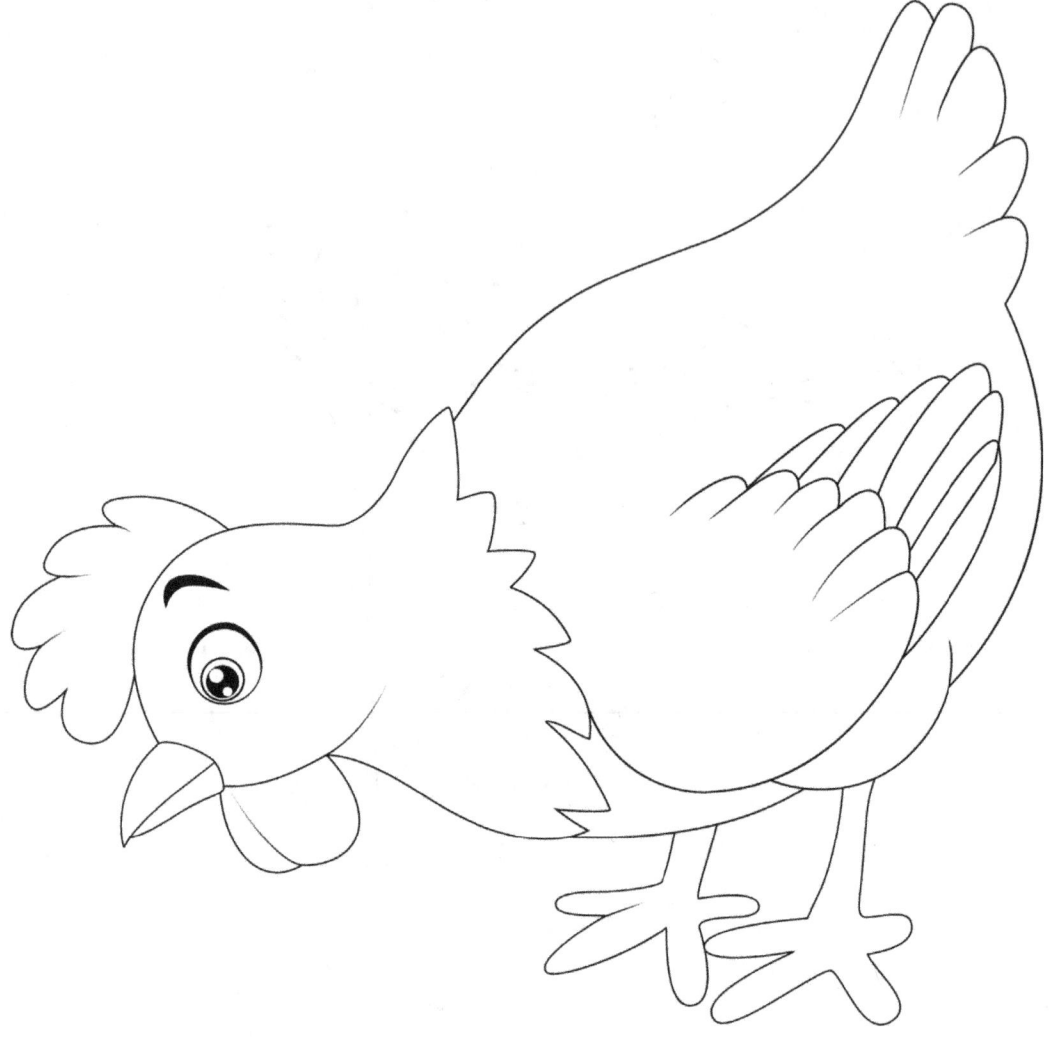

Chicken

Chicken
_____

_____

_____

Chave

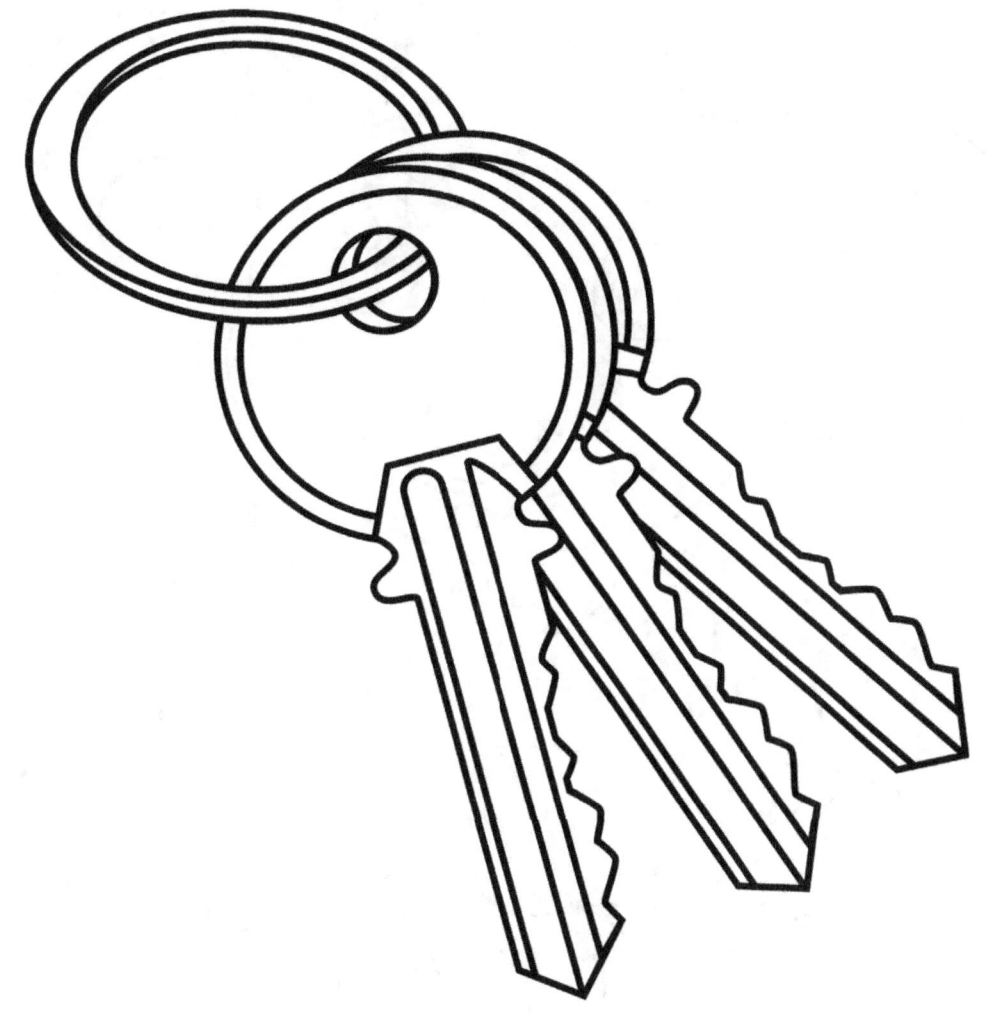

Key

Key
_____

_____

_____

Coala

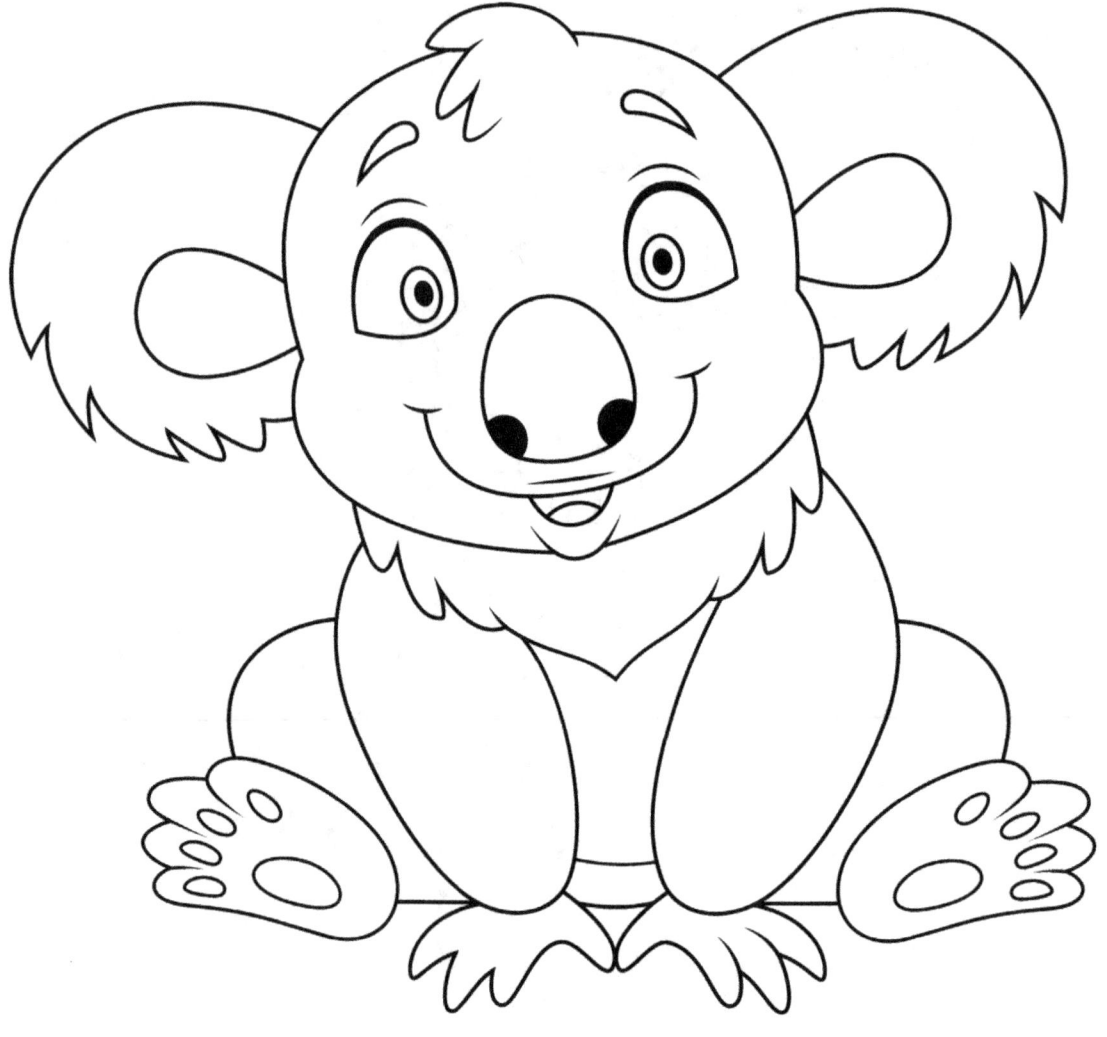

Koala

Koala
_____

_____

_____

Iogurte

Yo_ur_

Galinha

Ch_cke_

Chave

__y

Coala

Koa__

Formiga	-
Maçã	-
Astronauta	-
Banana	-
Urso	-
Livro	-
Carro	-
Gata	-
Milho	-
Cachorro	-
Rosquinha	-
Tambor	-
Caracol	-
Zebra	-
Elefante	-
Peixe	-

Flor	-
Raposa	-
Girafa	-
Óculos	-
Uva	-
Hambúrguer	-
Hipopótamo	-
Casa	-
Sorvete	-
Iguana	-
Pato	-
Jaguar	-
Geléia	-
Água-viva	-
Zepelim	-
Kiwi	-
Morango	-

Folhas	-
Lâmpada	-
Leão	-
Macaco	-
Rato	-
Mata-moscas	-
Prego	-
Cavalo	-
Noz	-
Polvo	-
Laranja	-
Coruja	-
Caneta	-
Torta	-
Porco	-
Pássaro	-
Rainha	-

Pena	-
Coelho	-
Rinoceronte	-
Robô	-
Tigre	-
Árvore	-
Guarda-chuva	-
Ouriço-do-mar	-
Sol	-
Vegetal	-
Vulcão	-
Abutre	-
Melancia	-
Baleia	-
Janela	-
Xilofone	-
Veleiro	-

Boneco	-
Iogurte	-
Galinha	-
Chave	-
Coala	-

© nerdMedia 2018

This work, including all its parts, is protected by copyright. Any use is not permitted without the author's consent. This applies in particular to copying, translation, storage and processing in electronic systems. Contact: Dirk Kolodziej/Peppermühl 9/48249 Dülmen/Germany info4us@nerdmedia.eu Cover design: nerdMedia Cover photo: depositphotos.com - Print Output Black & White: Amazon Media EU S.Ã .r.l./5 Rue Plaetis/L-2338 Luxembourg

www.ingramcontent.com/pod-product-compliance
Lightning Source LLC
Chambersburg PA
CBHW062331220526
45469CB00008B/2675